AÚN NO ERES QUIEN VAS A LLEGAR A SER

EL CÓDIGO DE LA MENTE
MILLONARIA

EL CÓDIGO DE LA MENTE MILLONARIA

CARLOS MASTER MUÑOZ

Planeta

Diseño de portada: Planeta Arte & Diseño
Fotografía de portada: THIS IS RAW
Fotografía del autor: THIS IS RAW
Diseño de interiores: Guadalupe M. González Ruiz

Bajo el sello editorial PLANETA M.R.
Avenida Presidente Masarik núm. 111,
Piso 2, Polanco V Sección, Miguel Hidalgo
C.P. 11560, Ciudad de México
www.planetadelibros.com.mx

Primera edición impresa en México: julio de 2021
ISBN: 978-607-07-7776-9

Impreso en los talleres de Litográfica Ingramex, S.A. de C.V.
Centeno núm. 162-1, colonia Granjas Esmeralda, Ciudad de México
Impreso y hecho en México – *Printed and made in Mexico*

Índice

A Marisela, quien ha sido apoyo
inagotable de crecimiento.

A Mayer y Helio, mis hijos, quienes renuevan
mis ganas por transformar este mundo a diario.
A mis papás, a mi hermana, a mi abuelo.

Al final, los millones se disfrutan
en familia.

ZERO

Qué mamada que este libro arranque con un capítulo «zero». Y más con una falta de ortografía. Y todavía peor, ¡con groserías! Ningún libro serio mete una falta de ortografía en la segunda palabra. Pero bueno, así soy yo: irreverente. Me pregunto si seré el único autor en la historia de la editorial en conseguir que publicaran su libro con una falta de ortografía. Ya verás por qué esa falta es intencional y por qué hace todo el sentido del mundo, pero, antes que cualquier otra cosa, te advierto que arranco este libro encabronado. La mayor parte de los autores escriben inspirados, en un estado de tranquilidad absoluta, seducidos por las musas y el sonido del golpeteo del teclado. A mí la tranquilidad no me inspira a escribir. En cambio, cuando veo algo mal en el mundo, algo que me enoja y me retuerce el estómago, me provoca un vómito literario.

Hoy es uno de esos días. La náusea me exige sentarme frente a la computadora a escupirte todo esto. ¿La razón? Escuché a otro pendejo más en la web diciendo que para ser millonario hay que ahorrar centavos y buscar la marca de papel de baño más barata del supermercado. Ya conozco la «lógica» de esa gente. Su mensaje va algo así: «Mira, usamos tanto papel de baño al mes, si ahorras tan solo unos pesos en esto y lo multiplicas por ochenta años, al terminar tu vida tendrás *X* cantidad de dinero». ¡¿Qué?! Lo he escuchado con ahorro en café, con ahorro en ropa, pero esto del papel de baño es ya una ridiculez. Este tipo de personas quiere que el dinero llegue cuando estemos a punto de morir; es decir, cuando más jodidos estemos.

¿Qué nunca has ido a un baño público a sentir el papel reciclado? Ja, ja, ja. Yo he construido una riqueza que me ha permitido vivir como el 1 % del mundo; me dará inmortalidad financiera y me alcanzará, incluso, para darles libertad económica a futuras generaciones de mi familia. ¡Y todo esto lo he logrado limpiándome con el papel de baño de mi preferencia!

En mi recorrido como mentor he conocido a miles de emprendedores en Latinoamérica y me he dado cuenta de que su problema principal, el que los limita, son los modelos mentales con los que operan. Los centaveros. Los minúsculos.

Los ratoneros. La razón por la cual la mayor parte de la gente no logra el éxito financiero es porque está transitando por la vida con el *software* equivocado: un sistema que en este libro llamaré Límites. Si logras desinstalar ese programa y reemplazarlo por uno nuevo, Locura, te garantizo que pronto estaremos juntos en uno de mis grupos Mastermind riéndonos de la vida.

Muchos libros te enseñan a hacer dinero y a multiplicarlo, pero esa información no sirve de nada si no tienes integrado en tu cerebro el código de la mente millonaria; el sistema operativo que te permite ir más allá de ti y lo que te han contado. Por eso en estas páginas te voy a compartir el *mindset* con el que debes vivir si quieres ganar millones —¡de dólares, no de pesos!—. Adrede, decidí obviar el proceso de crear una empresa porque para eso he escrito otros libros y escribiré más, además de hablar del tema en mis canales digitales. Aquí aprenderás cómo piensan los ricos y cómo debes pensar si de verdad quieres ser uno de ellos. No por nada incluí las palabras *código* y *millonaria* en el título. Además de que se escucha mamona, la primera hace referencia a la composición de un sistema operativo que vamos a instalar en tu cerebro. Y la segunda habla de lo que podrás lograr con el cambio de mentalidad que experimentarás después de leer este libro.

Cuando buscábamos un título para este libro teníamos el concepto de *código* y cómo debía escribirse en la mente, pero ¿a qué tipo de mente nos referíamos? Es decir, ¿cómo describirla con una palabra? Desfilaron adjetivos como *extraordinaria*, *original*, *grandiosa*, *magnánima*. Cada uno ofrecía ventajas y desventajas. Al final llegamos a la conclusión de usar *millonaria* porque nos daba la respuesta más fuerte de todas. Sin embargo, quiero que te quede claro que aquí no solo vamos a hablar de la riqueza en el sentido financiero, sino de la abundancia en un nivel multidimensional; de esa mentalidad que te hace más grande en todas las áreas de tu vida.

Así que ten esto bien claro: **los millonarios piensan en grande.** Creo que está bastante claro, pero permíteme profundizar. ¿Qué es ser millonario? ¿Significa solo amasar millones de dólares? No. Eso sería demasiado básico. **Ser millonario significa ir más allá que el promedio de las personas, pensar en grande y, en consecuencia, vivir una vida fuera de lo ordinario.**

Para ilustrar este punto, hace algún tiempo hice un video en el que, de forma irónica, le proponía a mi esposa Marisela que se casara otra vez conmigo. Le hacía promesas de vida como si le estuviera leyendo una carta de amor. Le decía que íbamos a vivir una vida promedio, a ser dueños de una casa promedio, que comeríamos comida promedio, nos iríamos de vacaciones a destinos promedio, nos llenaríamos de amigos promedio, procrearíamos y educaríamos hijos promedio, y que, cuando crecieran, les enseñaríamos el valor de convertirse en personas promedio.

Todo se lo decía con un tono irónico, desde luego, porque la promesa de unirse a alguien para vivir una vida promedio es muy poco tentadora. Mi idea era que la gente entendiera que, en realidad, nadie sueña con lo ordinario, aunque muchos decidan conformarse con ello. Y está perfecto que así sea si no les molesta. Sin embargo, algo me dice que tú no perteneces a ese segmento de la población, así que sigue leyendo. Eso sí, te lo advierto: **la efectividad del código al que vas a tener acceso dependerá de tu capacidad y deseo para emprender.** Sí, em-pren-der. De una vez te lo digo: es imposible llegar con rapidez al éxito económico siendo empleado de alguien. Lo siento, pero es la verdad. Es simple cuestión de probabilidad y decirte lo contrario sería mentirte. Esa es una de las verdades más obvias del mundo financiero y profesional, así que, mientras más pronto lo entiendas, mucho mejor.

Sé que no será tarea fácil entrar a tu mente y desinstalar tu *software* Límites, pero si logras hacerte consciente de él, saber de qué forma te controla y cómo puedes reprogramar tu cerebro, será más fácil eliminarlo. De entrada te digo que si compraste o empezaste a leer este libro es porque vas por buen camino: ya te has dado cuenta de que tu sistema operativo tiene fisuras, ha empezado a fallar o sus *bugs* han comenzado a hacerse más visibles. En cualquier caso, felicidades. Este libro es la sacudida que necesitabas para por fin quitarte de encima las ideas que te repites día a día sobre tu economía y no te permiten avanzar. Esta no es una guía para que te hagas millonario ni un recetario para mejorar tus finanzas personales; es más bien un contenedor de modelos mentales y técnicos que te revolucionarán el cerebro. No espero que los apliques de inmediato, pero sí que los conozcas y veas cómo es pensar en grande.

El tono del libro es pesado, también te lo advierto, pero no por eso es una burla. Si me conoces, sabes que así soy y me interesa que al leerme sientas que estás en una conversación conmigo; que estás hurgando en mi cerebro y en cómo pienso. Aquí te voy a dar atajos para llegar adonde quieres. Voy a intentar dar el menor rollo posible para explicarte cada concepto, pero no te confundas: esto es puro vómito literario (mis editores querían eliminar esta parte, pero como soy el de la lana, se queda).

Ahora sí, sin más preámbulos: bienvenido a *El código de la mente millonaria*, un libro que romperá muchas de tus falsas nociones sobre el dinero, la riqueza y la inmortalidad financiera. Un libro que te ayudará a dejar de pensar como los centaveros de mente chica, que quieren que ahorres en el papel higiénico que compras, y a adquirir una mentalidad que piensa en grande para que te limpies con el papel que te dé la gana: si quieres ¡con los mismos billetes que hagas!

01

LÍMITES

Vivo en una casa de cinco pisos. No te lo digo por presumir —bueno, puede ser, pero ese no es el punto, ja, ja—, sino porque justo cuando me senté a trabajar en este libro, en una de mis terrazas, desde donde gozo una vista que me inspira a trabajar, un segundo antes de escribir la primera palabra, mi hijo menor se asomó por encima del barandal de vidrio del balcón para llamar a su mamá. Me levanté en chinga y alcancé a detenerlo antes de que se cayera. «¡Hijo, por favor, no te recargues ni saques la cabeza por el barandal! Puedes romperlo y caerte junto con él», le dije. Entendió porque es algo que ya le habíamos repetido varias veces mi esposa Marisela y yo. Se fue a sentar en uno de los sillones de la sala exterior en la misma terraza y yo volví a mi laptop. Retomé el hilo y comencé a pensar en la primera oración del libro —siempre es la más difícil— y, cuando por fin encontré la ideal, lo escuché brincar sobre el sillón, que por supuesto habíamos decidido colocar junto al mismo barandal. Me levanté de nuevo, ya encabronado, y fui a reclamarle, ahora con más fuerza, y le dije que también así podía caerse, a lo que me respondió: «¡No se puede hacer nada en este mundo!».

¿Hice bien en regañarlo? En mi mente de padre, sí, porque mi trabajo es cuidarlo. Su seguridad es mi preocupación principal. Pero a veces me pregunto: ¿le hago un bien con la imposición de tantos límites? Por supuesto que no me refiero a cuidar que se asome por el barandal (eso debe quedarle claro), sino al peso de sus palabras: *no se puede hacer nada en este mundo.* Esa sensación de limitación que todos sentimos como niños echó a andar este tren de pensamiento.

Desde nuestro primer momento de vida, nuestros padres nos van diciendo qué hacer y qué no, por dónde sí y por dónde no, hasta dónde podemos correr o cuánto podemos separarnos de ellos. *Quédate cerquita, no te vayas lejos, no te metas ahí, no te comas más de un chocolate, no colorees fuera de las líneas.* Con esas órdenes, el niño crece y su cerebro entiende que hay algo afuera de él que le dicta lo que puede y no puede hacer. Así es como nuestros padres nos empiezan a programar la mente; son ellos quienes instalan el *software* que desde el primer día ya contamina el sistema operativo que venía limpio de nacimiento. Ese *software*, que de manera bastante literal llamo Límites, cuenta con comandos del tipo: *no, solo uno, cuidado, detente, hasta ahí.*

El punto aquí no es analizar si tienen o no razón los padres, sino entender lo que tanta limitación ocasiona en la mente de un niño que, con el tiempo, se convierte en un adulto con cuentas por pagar. Por supuesto que el sistema de los padres es importante, pues su prioridad es garantizar la seguridad de los hijos y sigue una lógica, sin embargo, tiene efectos colaterales: uno de ellos es generar esta idea de que uno necesita *permiso* de alguien más para lograr o conseguir cualquier objetivo. Y con esa noción crece, vive y muere la mayoría de las personas. Si no somos conscientes del *software* Límites que nos rige, y no lo quebramos, hackeamos y desinstalamos, casi seguro estaremos destinados a llevar una vida chiquita, estrecha... limitada.

Algunas personas rompen con ese sistema de manera consciente en la vida adulta y otras de forma intuitiva, desde la infancia. Yo fui de estos últimos. Déjame contarte la historia: una Navidad, cuando era un niño de quizá unos dos años, llegó a la casa un tío que era extraordinario en los negocios. Llevaba una canasta de dulces que nos ofreció a los sobrinos. Iba pasando con la canasta, primero frente a los mayores, luego a los más chicos y cada quien tomaba uno de los dulces. Cuando llegó mi turno, levanté la cabeza y con tono demasiado serio le dije: «Tollo-tollo» («todo-todo», en mi media lengua). En los dos segundos que mi tío tardó en entender lo que le decía aproveché para quitarle la canasta completa. Yo lo quería todo, todo. ¿Por qué chingados nos tocaba tomar solo un dulce cuando podíamos tomar más? ¿O todos? Cuando mi tío entendió lo que quería decir, se rio y me dejó la canasta. A partir de ese día y hasta que falleció siempre me llamó el Tollo-Tollo. Cada que tenía oportunidad, me recordaba cómo yo iba «por todo-todo» en la vida.

Ese momento hiperbreve de mi infancia fue suficiente para que mi familia entendiera que yo jugaba otro juego. No quería que la vida me diera solo un dulce, yo quería la canasta completa. El *software* Límites no iba conmigo. Muy pronto me di cuenta de que el programa genérico tenía fallas, *bugs* que había que corregir o eliminar lo más pronto posible. Y a eso me dedico.

Hace varios meses, cuando planeaba mi año editorial, me propuse publicar dos libros en 2021. Cuando se lo comenté a los de la editorial, me dijeron: «Carlos, no podemos sacar dos libros en un año». «¿Y luego?», pensé. ¿Por qué no podemos ir por todo? Me pregunté de nuevo por qué chingados alguien decide qué puedes y no puedes hacer. Por lo tanto, me valió madre su indicación y les dije: «Si quieren acompañarme en mi camino de autor, vamos a publicar muchos más libros al año, ¡así que prepárense, ja, ja!». Te cuento esto para que entiendas que es esa mentalidad de *tollo-tollo*, la del niño que vive en mí, la que me impulsa a seguir creciendo siempre y a llevarme la canasta completa. Si ese no es tu caso y, por el contrario, has ido por la vida pensando que solo puedes coger un dulce porque «es lo que hay», entonces necesitas leer este libro urgentemente.

El primer paso para desinstalar Límites es entender la visión de «la canasta completa». De hecho, eso lo trabajo con mi equipo y los líderes que asesoramos. Parte de mi trabajo es recablearlos para que, cuando un negocio o una estrategia funcionen bien, sigan adelante y no se estanquen o se conformen con el resultado, busquen más y continúen sin limitarse. Dicho de otro modo, **lo primero es tener claro que siempre debes aspirar a más de lo que crees que puedes lograr. Lo segundo es identificar el momento en que el *software* Límites se apoderó de ti, de toda tu vida y tus decisiones.** Porque siempre hay *un* momento. Te cuento una historia personal a continuación para que entiendas de lo que hablo.

Durante el último semestre de la carrera llevé una clase llamada Iniciación de la Vida Profesional. Aquella se daba en un salón tipo auditorio y se impartía solo una vez por semana, durante una hora. Una vez, el profesor nos dijo: «No se vayan a perder la clase de la semana que viene porque les va a cambiar la vida». Esa tarde varios pensamos que su afirmación se sentía demasiado exagerada, pero la verdad, incluso si terminaba siendo una hipérbole, valía la pena comprobarlo. La siguiente clase fuimos todos con la ilusión de que nos iba a cambiar la vida.

Cuando llegamos al auditorio vimos a un hombre y a una mujer al frente, uno a cada de lado del profesor. Nos sentamos, en silencio, expectantes, y cuando todos estuvimos en orden y listos para cambiar nuestras vidas, el profesor nos dijo de qué se trataba todo: las personas junto a él eran representantes de dos de las agencias de consultoría más importantes del mundo, ambas con sede en México, y nos visitaban con la intención de cubrir un par de vacantes. Después añadió: «El mejor escenario para sus vidas profesionales, que están por comenzar, es que los contrate una de estas dos empresas». Lo dijo con autoridad, como si aquella fuera una verdad absoluta. Luego habló la consultora: «Somos una consultoría internacional, de la que seguro han escuchado, y vamos a abrir una vacante de consultor o consultora. Pensamos que esa persona se halla entre ustedes». Después vino el otro, que repitió lo que dijeron los dos primeros: «Nosotros también somos una empresa internacional y déjenme les digo que, si consiguen ocupar nuestra vacante, será una excelente forma de empezar su carrera». Parecía una escena de película de ciencia ficción en la que algunos son los elegidos para la salvación.

En algún momento, el maestro comenzó a repartir un examen a cada uno de los alumnos para ver quiénes eran los mejores y las mejores de la clase. Mientras pasaban los exámenes hacia atrás, empecé a estudiar las expresiones en los rostros de mis compañeros y compañeras.

Me di cuenta de que les brillaban los ojos, porque en verdad creían la pendejada de que a tan temprana edad les había llegado la solución a todo. Que les iba a cambiar la vida cuando apenas estaban comenzando. La verdad es que no me molesté en leer ni siquiera la primera pregunta. En cuanto me llegaron las hojas, escribí mi nombre, me levanté, bajé las escaleras, entre las filas de asientos, con la mirada fija en mi profesor y los dos consultores. Cuando llegué al frente, el profesor se levantó de su silla, se acercó a mí y sin decirle nada le entregué el examen.

Ante la muestra de rebeldía (no sé si así lo vieron, pero mi intención nunca fue mostrarles eso), al profesor se le desencajó el rostro y me preguntó, para confirmar, si lo iba a responder o si tenía alguna duda. Le dije que no lo iba a responder y le pregunté si eso afectaría mi calificación en la materia, porque la verdad no veía lo que ofrecían: «ocupar la vacante» como el «mejor» escenario para mi vida. Se quedó unos segundos en silencio, volteó para ver al hombre y a la mujer como si estuviera disculpándome por mi imprudencia, y luego me dijo que no afectaría mi calificación, por supuesto. Al final se dio la vuelta, levantó mi examen sin contestar por encima de su cabeza y se dirigió a toda la clase antes de que yo saliera: «¡No saben el error que está cometiendo Carlos!». De inmediato se escuchó en coro el típico «uuuuuuu» de mis compañeros, que resonó como eco en el auditorio. Yo solo me reí, no de él, sino de la situación. Me despedí de los consultores con un respetuoso movimiento de cabeza —porque no tenía nada contra ellos— y salí del auditorio.

En momentos como ese es cuando el *software* se vuelve un virus y, para mí, todos aquellos que respondieron el examen lo activaron en ese instante. ¿Por qué lo creo? Porque si aceptas que el trabajo ideal es ser *empleado* de alguien, quiere decir que sigues con el mismo conjunto de comandos con los que, te dijeron, necesitas siempre del permiso de alguien para actuar; que además de depender de alguien en tu vida familiar también dependes de alguien en la profesional y en la económica. **Si tu mayor aspiración es conseguir un trabajo que pague las cuentas, entonces ya valiste madre.** Cosas como estas son las que debes desinstalar de tu cerebro pero YA.

Así que vamos a ello...

Eliminando el sistema operativo Límites

Creo que ya tienes claro que es fundamental desinstalar el sistema operativo Límites, ese que ha contaminado tu mente y ha dominado el funcionamiento de tu *hardware*, es decir, tu cerebro. A lo mejor te suena difícil cambiar y mandar a la basura años de programación, pero se puede lograr. Para eso necesitas hacer tres macroprocesos. Cuando lo hagas, podrás avanzar al capítulo siguiente.

Macroproceso 1: aniquila a tu crítico interno y a sus hormigas asesinas

El cerebro genera cerca de sesenta mil pensamientos al día. Si cada pensamiento fuera una persona, llenarían un estadio. Imagínate eso por un momento: ¿cómo se vería ese estadio? ¿Cuántas personalidades diferentes habría? ¿Cuántas voces? Seguro que ya has leído en alguno de esos artículos sobre curiosidades que, de los pensamientos que tienes diariamente, miles son negativos, incluso si eres una persona que se considere a sí misma «positiva». Los pensamientos negativos son automáticos, no se forjan de forma consciente; simplemente aparecen. El término en inglés para denominarlos es ANT (*automatic negative thoughts*), por lo que, para fines prácticos y usar la analogía, en este apartado les llamaremos *hormigas*. Cuando ves una hormiga, una sola, te parece indefensa. Es tan pequeña, se ve tan aislada que se pierde en el contexto. Difícilmente sientes miedo, ¿verdad? Pero la cosa cambia cuando estás frente a un hormiguero. Y te lo digo yo que, cuando era niño, un día me caí en uno por tratar de hacer alguna pirueta con mi bicicleta. Como al principio no lo vi, tardé un rato en levantarme y me quedé sentado, con los codos sobre el pasto. Después de unos segundos sentí un cosquilleo en las manos, luego en las piernas y pensé que eran ramas secas contra la piel. Moví las piernas al tiempo que bajé la mirada y vi cientos de hormigas grandes cubriéndome por todos lados. Los siguientes segundos fueron de *shock* y solo después de eso pude levantarme y sacudírmelas. Cuando por fin lo hice, corrí a la casa y, adentro, me ayudaron a quitármelas. Me quité los shorts, la camisa y los calcetines, pero ya era muy tarde: las hormigas me habían picado el cuerpo entero. Estaba lleno de ronchas y tenía un dolor y una comezón tales que me tuvieron que llevar al hospital.

Así pasa también con los pensamientos negativos. Uno solo casi parece que no hace daño, pero cuando a ese se le juntan otros, el resultado puede ser nefasto. Esos miles de pensamientos negativos que tienes a diario, y que son en apariencia inofensivos, están manteniendo el sistema operativo Límites activo. Ellos son las hormiguitas que trabajan día y noche para que tú no te arriesgues a salir de tu zona cómoda y no prosperes. ¿Y sabes quién las alimenta? Alguien que se parece mucho a ti, que vive en ti, pero no eres tú; es tu crítico interno, un personaje creado por el *software* Límites para «recordarte» siempre que no eres suficiente, que no vas a lograrlo, que hay otros mejores que tú, que no eres bueno y no lo mereces.

Y entonces ¿qué hacer para aniquilar al crítico interno y sus hormigas asesinas? Primero, debes tomar consciencia de cada hormiga (pensamiento negativo) que aparezca en tu cerebro. Identifica cada una de ellas y no te preocupes si se te escapan a la primera, ya tendrás la oportunidad de verlas de nuevo, siempre regresan. Una vez que las tengas identificadas, bautiza a tu crítico interno. Dale un nombre que odies y creas que te representa. Cada vez que sientas las hormigas asesinas carcomiéndote, dirígete a tu crítico interno por su nombre y ordénale que se detenga. Así entrenas a tu cerebro para que sepa que aquel que piensa esos pensamientos negativos no eres tú y las hormigas asesinas desaparecerán o, por lo menos, se volverán más dóciles.

Macroproceso 2: desafía las reglas e inventa unas a tu medida

Las mentes millonarias tienen la capacidad de leer todas las reglas del mundo y decidir cuáles seguir y cuáles cuestionar o ignorar. El gran empresario Peter Diamandis dijo algo muy poderoso: «Si no puedes ganar, cambia las reglas. Si no puedes cambiar las reglas, ignóralas». La historia de cómo empezó Elon Musk también apunta a lo mismo.

En una entrevista contó que una vez, antes de fundar sus múltiples y millonarios emprendimientos, fue a las oficinas de Netscape (aquel navegador que quizá ni conozcas) para pedir trabajo y al ver que lo dejaron esperando toda la tarde, pensó: «Si no me quieren aquí, ¿por qué no fundo mi propia compañía?».

Por si no conoces el recorrido de Musk, él inició con una compañía de anuncios publicitarios en internet que se llamó Zip2. Luego de un tiempo la vendió para crear otra que desafiaba la banca comercial y que terminó convirtiéndose en PayPal. Luego vendió esa también y no se detuvo ahí. Hoy busca transformarnos en una especie interplanetaria, con SpaceX, y cambiar la industria automotriz por medio de vehículos eléctricos, con Tesla. Nada de esto se hubiera logrado si Musk hubiera aceptado las reglas del mercado y hubiera permitido que estas lo definieran. En lugar de eso decidió pensar en grande y por su propia cuenta; imaginar cosas que pocos, por no decir nadie, se habían imaginado. Más que pensar en ser millonario, él pensaba en todo lo grandioso que se podía hacer y eso lo llevó precisamente a hacer su fortuna.

Te cuento todo esto para que entiendas, simplemente, que la gente millonaria piensa diferente y no permite que las reglas sociales detengan su camino de crecimiento. Elon Musk no se volvió millonario cuando lo declararon la persona más rica del planeta, ni cuando PayPal se convirtió en lo que es actualmente. Él se volvió millonario esa tarde en la recepción de Netscape, cuando decidió que haría algo más grande con su vida que conseguir un trabajo en una empresa que ni siquiera se dignaba a atenderlo.

Las mentes millonarias saben que muchas de las reglas establecidas y archiconocidas ya están vencidas, y por eso las actualizan y acomodan a su medida. Así que ese es el segundo macroproceso: identificar las reglas sociales que ya están obsoletas, cuestionarlas y buscar maneras de cambiarlas, romperlas o brincarlas.

Te doy algunos ejemplos de cómo cuestionar algunas de las reglas sociales más comunes:

- **«Hay que ir a la universidad»:** ¿de verdad necesito un título para ser exitoso?
- **«Hay que conseguir un empleo y mantenerlo a toda costa»:** ¿debo trabajar para alguien al inicio mi carrera profesional?
- **«Hay que volverse especialista en algo»:** ¿es necesario quedarme en la misma industria toda la vida?

Recuerda lo que dijo Steve Jobs: «Las reglas fueron puestas en el mundo por gente no más brillante que tú». Por eso, una mente que logra cuestionar lo establecido y crear sus propias reglas es una que ha dejado de ser víctima del sistema operativo Límites.

Macroproceso 3: quiérelo todo

El último macroproceso de desinstalación del *software* Límites sirve para que comiences a creer que sí es posible tenerlo todo. Por alguna razón, muchas personas piensan que si les va bien en el trabajo les irá mal en el amor, o viceversa. Ya sabes lo que dicen: «Afortunado en el amor...». O creen que si están bien en lo material no estarán bien en lo espiritual porque no habrá tiempo para ello. O que si le dedican tiempo a su familia y a su bienestar no van a ser exitosas en su trabajo. O, por el contrario, que si se queman en el trabajo, ponen en riesgo su vida emocional. Esas son puras pendejadas. ¿Por qué creemos que siempre se tiene que perder algo para ganar algo en la vida? Porque nos lo ha dicho todo el mundo. Y por eso en este macroproceso hay que desmantelar por completo esa idea. Yo lo fui desaprendiendo o, más bien, modificando conforme iba creciendo. Fui entendiendo que mi visión de *tollo-tollo* no solo se trataba de tenerlo todo en el plano económico, sino de tenerlo todo en la vida.

Lo que quiero decir es que no te puedes comer el cuento de que para ser millonario vas a tener que sacrificar otros aspectos de tu vida. Tu ambición de abundancia debe ser integral, debe cubrir todas las áreas. Debes querer ser millonario en lo mental, lo espiritual y lo material, y entender que estos campos no están en conflicto ni hay que dejar alguno de lado para tener otros.

John Butcher desarrolló un programa que se llama Lifebook con la idea de que todos somos autores del libro de nuestra vida. En su programa habla de doce dimensiones de vida que nos definen: relación amorosa, amistades, finanzas, calidad de vida, salud y *fitness*, vida intelectual, vida emocional, vida espiritual, carrera, carácter, vida de padre o madre y visión de vida.

Por lo tanto, el tercer paso para desinstalar el *software* Límites es fijarte objetivos y metas concretas en estas doce áreas, sin dejar ninguna de lado; sin pensamientos negativos y con la idea de romper con frases hechas y reglas sociales que te detienen y limitan. Este es el momento para pensar en ti, en todas las áreas que componen tu vida y en la abundancia que quieres que haya en todas ellas.

Cuando empieces a hacer esto, a preocuparte por mejorar y expandirte en todos los campos, notarás que vas a requerir modelos, sistemas y métodos específicos para triunfar en cada cosa. Empieza a buscar esas herramientas, trabaja con ellas y serás millonario en lo emocional, espiritual, romántico, como padre o madre, etcétera.

Una mente que sabe eliminar los pensamientos negativos, que cuestiona las reglas de la sociedad y persigue una vida de éxito integral es una que se ha liberado del sistema operativo Límites y está lista para instalar el *software* Infinitas Posibilidades. Vamos a ello.

Bienvenido al código de las 4L

Ahora estás en ceros. Tu *hardware* está limpio, listo para recibir el nuevo sistema operativo, que lleva el nombre de Infinitas Posibilidades. Así como un programador puede lograr que una computadora cumpla con actividades específicas siguiendo un código, tú también puedes programar tu mente para que cumpla órdenes encaminadas al crecimiento financiero, la libertad y una vida extraordinaria. Para ello es necesario que asimiles y escribas el código en tu cerebro. Debes descargar el *software* que se requiere para lograr el crecimiento financiero que deseas y entender de una vez por todas que, aunque ahora no tengas un solo millón, si piensas como piensan y juegan el juego los millonarios, es más probable que llegues a ser uno. Pero si crees que vas a conseguirlo restringiendo el número de *lattes* que compras en Starbucks antes de entrar a trabajar o comprando el papel higiénico más barato del supermercado —como te dicen que lo hagas los asesores financieros centaveros de mente chiquita—, pues estás jodido.

El sistema del que te hablo no tiene nada que ver con eso: es un *software* indestructible y, como su nombre lo indica, de infinitas posibilidades. Este sistema operativo está dividido en cuatro programas, niveles o estados de conciencia que instalarás en tu mente con la lectura de este libro. Para que recuerdes cómo se llama cada nivel te la voy a poner fácil. Es el sistema operativo de las 4L: Locura, Libertad, Liderazgo y Legado.

En los siguientes capítulos del libro nos dedicaremos a instalar esos cuatro niveles y a que entiendas las reglas operativas del nuevo *software*. Los cuatro niveles de conciencia se irán apilando uno encima del otro, aunque no necesariamente en el orden que aparecen aquí, pues, aunque todos están conectados y dependen uno del otro, también funcionan por sí solos. Conforme los añadas e incluyas en tu cerebro irás descubriendo nuevos mundos y posibilidades. Una mente que opera con los cuatro niveles de conciencia millonaria es una que lidera una vida plena y envidiable.

02

LOCURA

Antes de entrar en materia, quiero contarte una historia personal: cuando estudiaba la carrera, un profesor apareció un día con la novedad de que el gobierno había comisionado a la universidad para hacer un estudio importante de geoestadística. Él sería el encargado de dirigirlo y requería a un alumno ejemplar para que coordinara la labor de un equipo de trabajo. En sus palabras: «Voy a pedirle a uno de los alumnos más brillantes de la clase que me acompañe en este gran proyecto». En ese momento creía que se estaba refiriendo a mí, ¿a quién más? Yo era, a mi parecer, el alumno más brillante del salón. Era obvio. Justo en medio de mi ensoñación, y cuando ya pensaba en cómo formularía mi excusa para darle las gracias, levantarme el cuello y decirle que no, señaló: «José, ¿te interesaría participar en el proyecto?» (aclaro que José no se llamaba así, sino que cambié el nombre de todos en esta historia). El elegido contestó: «Me encantaría, profesor, pero estoy muy ocupado ahorita con las labores escolares. No podría».

El profesor se mostró algo decepcionado, pero pasó a quien, dijo, era «nuestra segunda mejor alumna», Edith. Pero ella tampoco pudo o no quiso. Pasó a un tercero y a un cuarto, a quienes él había decidido destacar como los mejores. Ninguno aceptó el reto. La oportunidad.

Por dentro me sentía furioso. Me había pegado en el ego no una, sino cuatro veces. Un *jab*, un recto, un gancho al hígado y un *uppercut* para noquearme y mandarme a la lona. ¡Yo creía que formaba parte de esa lista! El profesor no parecía estar de acuerdo. Si me hubiera elegido a mí de inicio, hubiera rechazado la invitación (sin duda), porque traía demasiadas cosas encima. En ese momento estudiaba dos carreras, participaba en varios grupos estudiantiles y había creado algunos negocios pendejos. Sin embargo, me dio tanto coraje que no me escogiera que me levanté de la lona antes de que el réferi contara los diez segundos y alcé la mano. Era una verdadera locura. ¿De dónde iba a exprimir segundos, ya ni siquiera horas, de mi día para coordinar a todo un equipo? Quién sabe si yo iba a ser el quinto de la lista o si hubiera seguido con otros nombres hasta dar conmigo. Nunca lo sabré y no me importa. Decidí ayudar al profesor en el proyecto, lo que resultó en el periodo de mayor trabajo de mi vida (y esto lo digo hoy en día, que tengo un sinfín de pendientes día a día). Durante los siguientes tres meses dormí en promedio tres horas, pero saqué adelante la chamba. Aquella investigación me dio los conocimientos de base para arrancar mi primera empresa seria (no un negocio pendejo). Sin embargo, lo más increíble de la historia no es que acepté el reto, sino lo que pasó años después.

Después de un buen rato de estar funcionando, durante una época de crisis en el país, un día me buscó mi gerente de Recursos Humanos. «Carlos, una persona que acabo de entrevistar me dijo que te conoce de hace muchos años y te quiere saludar», me dijo. Entré a la sala de juntas para saludar a esta persona de mi pasado y, vaya sorpresa, me encontré con José. Nos saludamos con cordialidad, incluso con algo de afecto, como el que siempre sentimos cuando vemos a alguien de nuestro pasado porque nos recuerda a quienes fuimos en algún momento. Luego de las palabras de cortesía, me dijo: «Carlos, sé que te está yendo muy bien. Veo que tienes muchos empleados y proyectos enormes. Fíjate que salí de la universidad y me metí a trabajar a un banco. Me corrieron ahorita por la crisis y estoy desesperado, lo único que te pido es que te apiades de mí. ¡Estoy ahogado en deudas con ese mismo banco!». Entendí su situación, me mostré empático porque, a final de cuentas, era una persona en problemas, pero al final no lo contraté. ¿Por qué? Porque era un pendejo. Luego de tantos años no había aprendido la importancia de agarrar las oportunidades. Nunca sería un loco de esos que le entra a hacer cosas que parecen imposibles a veces sin saber por qué, simplemente porque algo dentro de uno le dice que vaya por todas. Y yo contrato locos, no pendejos.

Existe una relación perversa entre la locura y el éxito. Desde que entendí eso, decidí estudiar y leer sobre el tema. Lo más increíble es que la definición de *locura* que ofrecen los psiquiatras ha variado con el tiempo, ya que es una palabra que siempre se ha usado para definir lo que no podemos entender, porque falta conocimiento y apertura de mente. Y a medida que la ciencia va encontrando respuestas para explicar ciertas cosas, la definición de *locura* va mutando.

Por ejemplo, hace un par de siglos se le llamaba a una mujer *loca* para silenciarla, para restarle importancia. De hecho, la palabra *histeria*, que se usa hoy para describir el comportamiento de alguien que actúa de forma irracional o sobreemocional, en el siglo XIX hacía referencia a un supuesto desorden mental que los médicos diagnosticaban en mujeres que mostraran cualquier tipo de comportamiento aparentemente anormal (ansiedad, deseo sexual, celos entre otras tantas cosas).

Si el siglo XIX te parece demasiado lejano y piensas que hemos hecho grandísimos avances desde entonces, ¿qué te parece si brincamos al siglo XX? Hasta los años setenta, la homosexualidad se consideraba una enfermedad mental curable; una suerte de locura. Le poníamos esa etiqueta simplemente porque era un comportamiento que no podíamos (o no queríamos) explicar.

Durante mi investigación sobre el concepto de *locura* hice un listado de los síntomas y comportamientos que con mayor frecuencia se han usado en la historia para describir a la gente «enferma de la mente». Quiero que lo leas con mucho cuidado:

Síntomas y comportamientos de las personas enfermas de la mente

1. Sufren de desconexión de la realidad social
2. Padecen alucinaciones
3. Desarrollan obsesiones
4. Padecen de hiperactividad e insomnio
5. Sienten una atracción desmedida al riesgo
6. Presentan delirios de grandeza
7. Sienten atracción hacia y mantienen relaciones con otras personas trastornadas

¿A qué te suenan esos ítems? ¿Te parece que son síntomas o comportamientos de una enfermedad? No quiero desacreditar la labor de los psiquiatras al atender enfermedades de la mente, pues sin duda su labor es muy valiosa. Sin embargo, a mi modo de ver, las descripciones que están en esa lista son la columna vertebral de la mente millonaria. Son el primer paso para instalar el nuevo *software* operativo del éxito, es decir, son los subniveles del nivel Locura que vas a instalar en tu cerebro en este capítulo.

A continuación analizaré cada una de las descripciones de esa lista y explicaré por qué no solo creo que sean un rasgo indispensable de la mente millonaria, sino casi mandamientos que debemos seguir si queremos alcanzar el éxito. Porque, que te quede claro, **el éxito está a un paso de la locura.** Ojo: no de la locura enferma, sino de esa locura bien canalizada, inteligente y consciente que nos lleva a ir más allá de nosotros mismos y a alcanzar todo lo que nos proponemos en la vida.

Cómo convertirte en un loco exitoso y millonario

1. Desconéctate de la realidad

Hoy vivimos una realidad intimidante. Si tomas tu teléfono y tocas el icono de alguna de las redes sociales —Instagram, TikTok o la más popular al momento de leer este párrafo—, te encuentras con una realidad alternativa donde todo el mundo parece tener una vida perfecta, millonaria y excitante. Apenas abres las aplicaciones, estas te bombardean con imágenes de bodas mágicas, de cuento; viajes estupendos; mansiones irreales; escenas cómicas, divertidas y hasta enternecedoras en las que todos nos vemos guapos y donde parece que todos la estamos pasando en grande. Todo se ve espectacular en las redes sociales. ¡Todo lo bueno le está pasando a todo el mundo! Menos a ti, claro. Seguro que más de una vez has tenido la sensación de que tu vida es gris y aburrida, y que no se parece en nada al mundo excitante que te muestran estas redes. Todos lo hemos sentido y es una de las razones por las que muchos caemos en una especie de crisis existencial. Crisis que permanece, se repite o reinicia cada vez que abrimos Instagram. ¿No te parece eso un infierno?

Esa «realidad alternativa» es la que la sociedad quiere que veamos y está respaldada por lo que llamamos «la vida real»; lo que pasa en las calles, en nuestro día a día, por así decirlo, en la tridimensionalidad. A esto lo llamo «el fenómeno de los gemelos guapos». Los locos y las locas que se vuelven exitosos no se quedan con lo que ven desplegarse en la pantalla de su teléfono ni tampoco con lo que sucede en la supuesta vida real.

Ellos inventan un mundo nuevo, una tercera alternativa que les funciona para alcanzar sus objetivos y donde las posibilidades son infinitas. A eso me refiero cuando te digo que te vuelvas loco. De hecho, puedes pensar en el nivel Locura del nuevo *software* como una especie de filtro que te permite ver esa tercera realidad. Cuando logres verla, muchos pensarán que estás «desconectado de la realidad», pero no es cierto, porque estarás cien por ciento enchufado en la tercera realidad.

En su libro *De cero a uno,* Peter Thiel dice que la pregunta más importante que debes hacer para conocer a alguien es: «¿Puedes darme una idea tuya del mundo que muy poca gente comparta contigo?». Para él, la base del éxito es el pensamiento contrario, o *contrarian thinking*, que ocurre cuando la gente cree en una verdad *X*, cuando tú estás pensando en una verdad *Y*. Y yo estoy de acuerdo.

Justo por eso, los locos y los exitosos logran dominar el arte de «me vale madres el qué dirán». Es un arte bastante difícil de dominar, sobre todo porque te obliga a salirte de las realidades que ya conoces, pero cuando lo logras tu mundo cambia por completo.

Mark Manson, en su libro *El sutil arte de que te importe un carajo* —por cierto, el título en español quedó corto—, tiene unas palabras perfectas para explicar esto. Dice: «El deseo de una experiencia positiva es, en sí mismo, una experiencia negativa. Y, paradójicamente, la aceptación de la experiencia negativa es, en sí misma, una experiencia positiva». Esto significa que, cuando te desprendes de verdad de las exigencias de la realidad social y de la realidad alternativa que la sociedad crea, entonces logras encontrarte. Cuando das con este punto te vuelves inmune a la crítica.

No sabes cuántos cientos de mensajes me llegan cada semana por redes sociales con el único fin de atentar contra mi persona, contra mi forma de hablar, mi manera de vestir, mis lentes feos, ¡de todo! Si yo me pusiera a leer toda esa negatividad (leo algunos, pero nunca podría ni tendría tiempo de leer ni la mitad), te juro que nunca hubiera hecho nada. Pero soy inmune a eso, y el simple hecho de saber que esos mensajes llegan y esas personas que me ven existen, me vuelve más poderoso.

Lo que te impide instalar el nivel Locura es la necesidad de tener el aval de alguien distinto a ti. Es decir, la necesidad de tener la pinche autorización o bendición de otras personas. Ya basta. Eso pertenece al *software* Límites. Lo esencial para instalar el nivel Locura es aceptar que tú eres como eres, sin filtros, y que debe importarte poco o nada lo que piensen los demás de ti. Es aceptar tu individualidad con su lado oscuro, complejo y conflictivo; es decir, con tu sombra. Ya sé que me estoy metiendo en terrenos filosóficos, y a estas alturas ya estarás pensando en cómo se relaciona esto con el dinero, pero créeme: **los cimientos de toda gran ingeniería financiera son los patrones y las creencias mentales que puedan sostenerla.**

En mi caso, aceptar mi sombra es, por ejemplo, aceptar que a mí me gustan los sacos feos y que eso está perfecto. Es más: lo acepto tanto que decido pintarrajearlos todos, cada vez más y me da igual. ¿Cuál chingados es el problema? ¿O crees que todos tienen una opinión positiva de ellos? Convivir cómodamente con tu sombra es lo que te impulsa a ir por más, por todo. En cambio, cuando hay un conflicto interno con tu sombra, con quien tú eres en realidad y no quieres aceptar, te desgastas y pierdes fuerza para conseguir lo que quieres.

Ahora bien, la mente exitosa sabe en dónde debe buscar consejo. Por lo tanto, la desconexión de la realidad de la que hablo no es absoluta. La mente millonaria piensa en grande, pero además tiene la humildad para perseguir la crítica de mentores, *coaches* y expertos que le ayudarán a dar el siguiente paso en el recorrido de crecimiento. La mente millonaria nunca opera sola. Es más, sabe que necesita, por lo menos, tres figuras que la acompañen y le brinden retroalimentación constantemente: un *coach* que la impulse a seguir, un mentor que haya hecho el mismo recorrido y le hable desde su experiencia, y personas expertas en las materias que se requieran para superar los obstáculos en la carrera.

En resumen: **un loco exitoso es aquel capaz de desconectarse de la realidad para crear un mundo donde todo es posible y, al mismo tiempo, sabe cuándo volver al «mundo real» para buscar consejo y mentoría.** Si no lo hiciera, se quedaría simplemente como un loco enfermo. En otras palabras, un loco exitoso entiende la realidad de las calles y de las redes sociales, aunque viva en una tercera. Esa es la diferencia entre la locura enferma y la locura sana que te llevará hasta donde tú quieras llegar.

2. Créete tus alucinaciones

Esta quizá sea una de las características más satanizadas en el diagnóstico médico del loco. Uno dice «delirio» o «alucinaciones» y parece que ya estamos hablando de un paciente de manicomio. Sin embargo, y por ridículo que parezca, la palabra *alucinación* fue la misma que Alexander

Osterwalder utilizó en su valioso libro de negocios *Testing Business Ideas* para decir que cualquier proyecto de emprendimiento comienza con una «alucinación de mercado». Se refería a esa visión sobre el comportamiento del consumidor que todo emprendedor tiene antes de lanzar su proyecto, aun cuando todavía no exista ninguna evidencia de que su visión sea cierta.

Las alucinaciones conectan con el pensamiento millonario. De hecho, muchas de las ideas extraordinarias que han transformado el mundo arrancaron como «alucinaciones de mercado» absurdas que alguien tuvo. Te pongo el ejemplo de dos de ellas que resultaron en productos exitosos en un momento dado:

1. *A los dueños de mascotas no les gusta tomar alcohol solos.* El hecho de que tengan una mascota significa que les gusta tener compañía en todo momento. Por lo tanto, podría pensarse que muchos dueños de mascotas comprarían cerveza para perros, para que su mejor amigo tome con ellos.
2. *Las personas que viven solas quisieran tener alguien que les haga compañía.* Por lo tanto, podría pensarse que muchas personas que viven solas estarían dispuestas a comprar una pareja virtual que las acompañe.

Ambas sonaban ridículas en un principio, pero es que así deben sonar las «alucinaciones de mercado» para que en verdad lo sean. Ahora bien, las alucinaciones de la gente exitosa terminan convirtiéndose en hipótesis de proyectos concretos que después son medibles. Las alucinaciones de los locos clínicos, en cambio, nunca hallan el camino al mundo de los números. En el caso de la cerveza para perros, por ejemplo, quien tuvo la alucinación podía haber tenido la hipótesis de que *15 % de los dueños de perros compraría un sixpack de cerveza para perros con valor de cuatro dólares cuando adquiriera comida de perros.*

Las hipótesis concretas invitan a la experimentación, otra de las bases del nivel Locura. De nada sirve tener cientos de alucinaciones de mercado si no hay después un proceso que las conecte con números y experimentación medible. Siempre insisto en que no invierto en mis alucinaciones, sino en datos.

Cuando logras trasladar las locuras a una hipótesis y encuentras datos reales que la validen, te acercas a crear cosas grandes, tal como lo haría una mente millonaria. Un proceso formal de innovación/experimentación debe verse como parte fundamental del código de este primer nivel del *software* Infinitas Posibilidades.

Para instalar el nivel Locura debes entonces rescatar y darles voz a tus delirios y alucinaciones, en lugar de silenciarlos. Recuerda que todo lo que hay en ese mundo de creación productiva fue primero la alucinación de algún loco.

3. Alimenta tus obsesiones

Michael Moritz, el multimillonario y CEO de Sequoia Capital, ha usado en repetidas ocasiones la palabra *obsesivos* para definir a los emprendedores más exitosos del mundo. Según este inversionista de Google:

> Quienes logran cosas importantes, ya sea como jugadores de futbol o emprendedores de cualquier negocio exitoso, tienden a obsesionarse con sus proyectos, trabajos o vocación. El problema que tengo con la palabra *pasión* es que quiere decir que debes estar brincando de emoción, con entusiasmo, gritando y mostrando un nivel desaforado de excitación. Sin embargo, a lo que la gente se refiere cuando usa esa palabra (*pasión*) es a que alguien se siente preso de una obsesión sin la cual no puede concebir su vida.

La obsesión es la clave para superar los obstáculos que nos trae cada nuevo proyecto, para levantarse de las caídas y asimilar y darles la vuelta a los problemas inherentes al emprendimiento.

La pasión ayuda, pero nunca será suficiente. La obsesión es más fuerte, te vuelve inmune al dolor y te permite seguir avanzando sin importar los obstáculos. La pasión, por el contrario, no te anestesia y por eso es más irracional. **La mente millonaria sabe que su obsesión debe encajar en el mundo. No se elige una obsesión cualquiera, tampoco irracional, sino una que interseque sus habilidades personales, los deseos del mercado y las condiciones económicas.** Los japoneses tienen un nombre para esto: *ikigai*. Una obsesión que integra esos tres puntos no es negativa ni hace parte de una locura enferma. Por el contrario, es el motor de vida de todo loco exitoso y por eso tú debes encontrar la tuya.

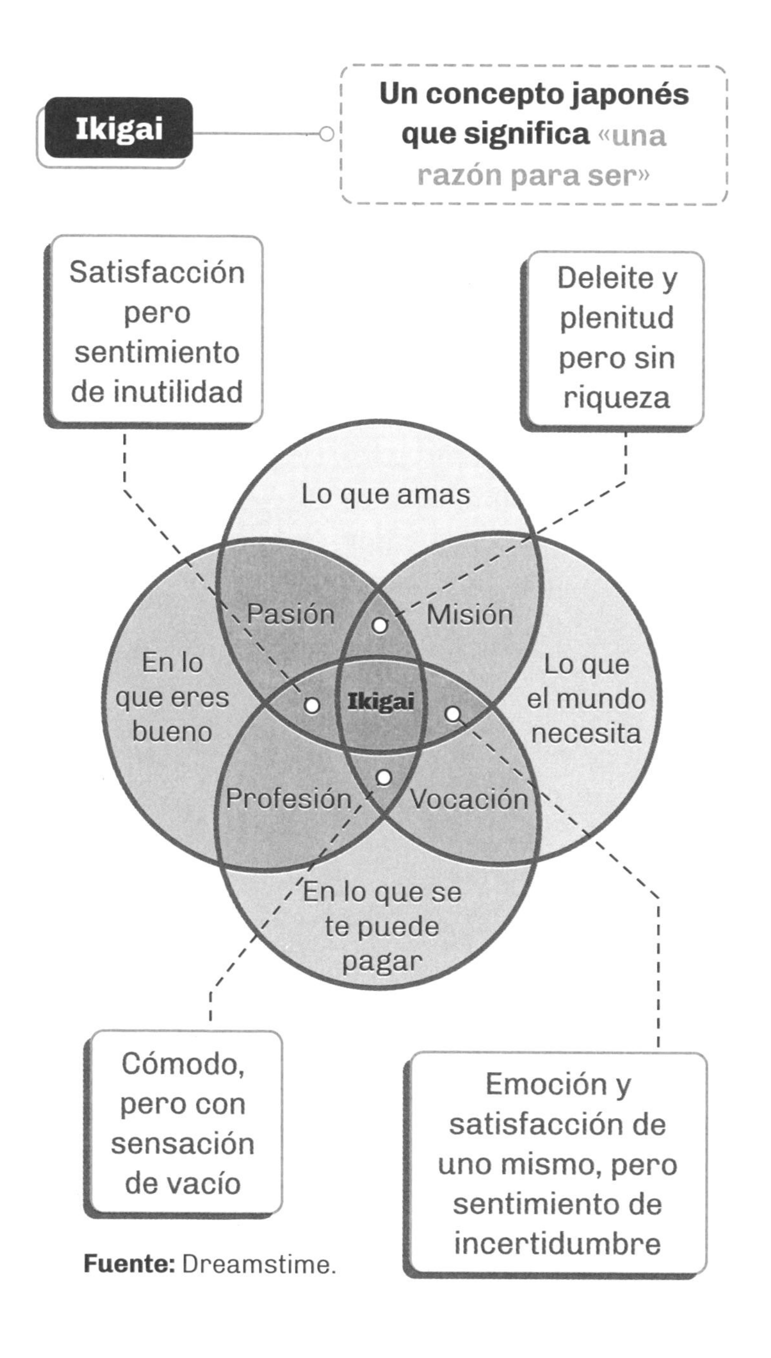

Fuente: Dreamstime.

4. Sé hiperactivo y disfruta el insomnio

Hace unos años publiqué en mis redes sociales un video que se volvió muy controversial. El video se titula «Si quieres vivir bien, vas a dormir mal» y surgió a partir de una historia que viví con uno de mis mentores, cuando arrancaba mi primera empresa. Le tenía pavor a la competencia, pues era mayor que nosotros. ¿Cómo chingados íbamos a ponernos al tú por tú? Entonces le pregunté a mi mentor: «¿Cómo voy a competir con estas empresas si ya son gigantes y con empleados? Yo estoy solo». La respuesta que me dio en ese momento fue genial: «¿Cuánto estás trabajando en tu empresa ahora, al inicio?». Respondí: «Demasiado, ¡dieciocho horas!». «Bueno —me dijo—, ahí está tu respuesta sobre cómo ganarle a la competencia. Tú no estás solo. Estás trabajando tres turnos, es como si fueras tres empleados. Y si cada persona que sumes a tu empresa tiene ese nivel de compromiso y dedicación, será como si contrataras otros tres empleados. Recuerda siempre eso».

Cuando la gente exitosa arranca nuevos proyectos, sabe que debe invertir muchas horas de trabajo. Su tiempo, de hecho, es la principal inversión.

Es como si el proyecto fuera un bebé recién nacido: demanda muchísimo tiempo, las veinticuatro horas del día prácticamente. Estas horas de inicio, estos desvelos y constantes cuidados son el insomnio del loco. Conforme el bebé va creciendo, puedes irlo soltando, pero eso viene más adelante. La empresa de la anécdota que te acabo de contar fue mi primera: 4S Real Estate, la cual hoy está en casi veinte países y opera sin necesidad de que yo esté presente. De hecho, a mí me depositan las utilidades cada periodo y solo debo asistir a las juntas de consejo. Esa empresa es un bebé que ya creció y está en el punto donde no me necesita.

Cuando un proyecto se halla en una etapa inicial necesita tiempo, pero una mente millonaria sabe cómo hacer que crezca para que dependa cada vez menos de quien lo creó. Por eso, si de pronto te ves excedido en cuanto a horas laborales por un proyecto que no muestra ningún tipo de crecimiento, ten cuidado: tu locura podría estar cayendo más del lado de la enfermedad que del éxito. ¿Cómo saber de qué lado estás? Mide el tiempo que le dedicas a un proyecto, y si esa cifra no baja conforme avanza el tiempo, es momento de replantearse las cosas.

Ahora pasemos a la segunda parte de este punto: la hiperactividad. Asocio este concepto con la intención y el impulso de seguir creando nuevos proyectos, de seguir en la búsqueda del siguiente gran reto. La mayoría de la gente cree que el éxito les llega solo a quienes se les «ocurre» una idea multimillonaria. Así, de forma mágica y aleatoria, como si el éxito fuera cuestión de suerte, coincidencia o la gracia de haber sido tocados por el dedo de Dios. Con esa manera de ver el éxito solo consiguen destrozarse. Ya he perdido la cuenta de la cantidad de personas que me han enviado mensajes del tipo «Estoy construyendo el siguiente Facebook». Los casos de ideas que despegan al nivel de esa red social reciben una gran cobertura mediática y terminan como ejemplos en los libros de negocios, pero eso no quiere decir que cosas así ocurran todo el tiempo. ¿Cuántas personas no han logrado nada por estar persiguiendo una idea de este tamaño?

El secreto de la mente millonaria está en «accionar», en mantenerte hiperactivo a partir de la ideación y puesta en marcha de proyectos variados y cada vez más ambiciosos. En otras palabras, no busques crear el próximo Facebook, mejor dedícate a crear una cadena de negocios que al final componga un gran todo.

Nota: si quieres profundizar en el tema de la cadena de negocios, busca mi libro *11 mentiras de las escuelas de negocio*. También, por favor, si ves mi video «Si quieres vivir bien, vas a dormir mal», no lo malinterpretes. Lo último que quiero es verte con un problema de salud por falta de sueño. Es simplemente un recordatorio de que hay momentos en que nuestra locura se apodera de la noche y es necesario forzar la máquina.

5. Persigue el riesgo

Si de algo te habrás dado cuenta ya, es de que **la mente millonaria sabe que debe tomar riesgos enormes para lograr las metas que se propone, incluso cuando el contexto es complejo o inseguro.** Cualquier decisión implica riesgo. Renunciar a tu trabajo: riesgo. Abrir una nueva sucursal: riesgo. Contratar más personal: riesgo. La mente millonaria persigue el riesgo porque sabe que justamente detrás de ese peligro se encuentran los grandes resultados.

Reid Hoffman, el fundador de LinkedIn, en su pódcast *Masters of Scale,* insiste en que el emprendedor es quien decide aventarse a un precipicio y construir el avión durante la caída. Ese es el amor por el riesgo que lleva al éxito. Por supuesto que todo riesgo debe enfrentarse con conocimiento de causa. Es decir, promuevo la experimentación, que es un riesgo, pero la experimentación medible, es decir, donde pueda irse evaluando un riesgo poco a poco, sin perder demasiado y elevando las probabilidades de éxito. Esto se mantiene como un riesgo al final porque siempre existirá la posibilidad de fracasar y darse en la madre, pero se trata de experimentar con cautela.

Para ilustrar por qué te insisto en este tema del riesgo calculado, te preguntaré lo siguiente: ¿sabes quién es Kent Evans? Seguro que no. Quizá, si no fuera por un riesgo desmedido que tomó en un momento dado de su vida, sí lo sabrías. Él fue el mejor amigo de Bill Gates en la secundaria. Los dos eran brillantes, se entendían y compartían sueños tan grandes que todos se burlaban de ellos. Como imaginarás, los dos eran poco adeptos a las actividades físicas y eran los típicos *geeks* de la generación. Un día, Kent decidió que para mejorar cada área de su vida debía incluir algo de deporte en su rutina y se inscribió a una clase de escalada. Era riesgoso, porque él era todavía menos atleta que Bill Gates, pero se arriesgó. Por desgracia, en una de esas clases se cayó desde una altura considerable y falleció. Bill Gates se convirtió en Bill Gates y nunca sabremos si juntos, él y Kent Evans, hubieran conquistado el mundo. Ahora que conoces la historia, tenles mucho respeto a los riesgos.

Es vital que tus riesgos sean entonces calculados, no a lo pendejo. Evita, por favor, aventarte o irte de boca con riesgos imposibles, sin un plan previo, lo que sería caer en una locura enferma. Experimentar de forma calculada, en cambio, hace parte del nivel Locura del código de la mente millonaria y te dará la tranquilidad de saber que si las cosas salen mal sobrevivirás. Más que tranquilidad, te dará el coraje para seguir adelante. Porque, no te equivoques, las personas a las que admiras no son más inteligentes que tú, solo tuvieron más coraje. Sufrieron y sobrevivieron hasta lograr una primera victoria, y siguieron sufriendo y sobreviviendo hasta lograr la siguiente. **Tener coraje es la mejor manera de predecir el éxito.**

Para la mente millonaria el riesgo es algo así como un combustible, un recurso necesario. Si conoces algo de deportes extremos, te queda claro que sus máximos exponentes han entrenado y practicado sus locuras durante mucho tiempo, y tienen un conocimiento perfecto del riesgo al que se enfrentan, aunque eso no les quite el peligro ni la adrenalina. Resumiendo, la cosa es muy simple: si quieres ganar, tienes que arriesgar. Y entre mayores riesgos tomes, mejor, sobre todo si estás construyendo una mente millonaria.

6. Desarrolla un delirio de grandeza

Para nadie es un secreto que una de las claves para lograr el éxito es crear y mantener una autoestima alta; éxito y autoestima se alimentan entre sí. Ojo: *autoestima* no es lo mismo que *autoconfianza*. Una persona puede confiar en sí misma, pero no sentirse valorada y, por ende, tener una actitud negativa ante la vida. ¿Cómo va a pensar en grande una persona así? ¿Cómo va a atraer el éxito?

Una característica de los locos es que tienen delirios de grandeza: se sienten gigantes, poderosos; piensan que todo lo pueden. Algunos creen en cosas como que pueden volar, leer la mente, atravesar paredes, pelear con un oso. Es normal que en esos casos se considere el delirio de grandeza como un rasgo negativo, pues casi con seguridad esas personas terminarán involucradas en alguna tragedia. Sin embargo, la autoestima alta que sostiene esos delirios de grandeza sí que es un rasgo indispensable de la mente millonaria. **Si quieres triunfar, es necesario que te sientas poderoso, importante, merecedor, invencible y millonario, incluso antes de serlo.**

La autoestima es el cimiento de la inteligencia emocional, la persistencia y la capacidad de pensar en grande. Páginas atrás te dije que la mente millonaria tiene que pensar diferente de la mente promedio; tiene que pensar en grande. Pero ¿a qué me refiero con una mentalidad que «piensa en grande»?

Voy a ponerte un ejemplo que uso normalmente para ilustrar esto. Hace un tiempo me puse una meta personal: potenciar, a lo largo de mi vida, a un millón de emprendedores que, el día de mi muerte, se presenten en mi funeral con un billete de un dólar cada uno y se lo den a mis hijos. Esta meta nada tiene que ver con dinero, pero me hace sentir poderoso. Me engrandece pensar que es posible influir en cientos de miles de emprendedores, ayudarlos a crecer y, de ser posible, convencerlos de que ellos también influyan en miles de otros emprendedores para formar así una interminable cadena de locos y locas que muevan al mundo. ¿No te suena eso a grandeza?

Hay un punto en la vida de los millonarios en el que el dinero se vuelve irrelevante, porque ya no les sirve para nada más. Es decir, ya cubre todo lo que necesitan y quieren. No saben qué más pueden hacer con él. Es más, te puedo decir que ese punto existe y está definido. Es el momento cuando una persona gana 500 mil dólares al año. ¿Por qué? Porque ese es el ingreso del 1 % del mundo. Con eso ya tendría una persona la vida resuelta. De ahí para arriba solo es desgaste por ego.

Cada cual se pone su propia meta. Yo, por ejemplo, lo primero que hice cuando arranqué con este proceso de crecer económicamente fue preguntarle a mi socio con cuánto dinero al mes se sentiría cómodo. Estábamos arrancando, no teníamos nada, al punto que yo limpiaba los baños de la oficina, es decir, estaba en ceros. Te hago esta aclaración porque ese día mi socio me dijo que él pensaba que con cuatro mil dólares al mes estaríamos «bien». En aquel momento, esa cantidad era un mundo de dinero para nosotros, pero por dentro pensé que como meta se quedaba corta; era poco ambiciosa. Entonces fue mi turno de decir con cuánto me sentiría cómodo. En ese momento me di cuenta de que necesitas una meta concreta y clara de a dónde quieres llegar. Me puse a googlear cuánto hay que tener para ser parte del 1 % del mundo y encontré que es eso: 500 mil dólares al año. Eso cambió para siempre mi manera de ver la vida y entonces fijé nuestra primera meta en medio millón de dólares al año. Mi socio lo tomó con incredulidad. Sin embargo, esa claridad fue la que hizo que, aunque lográramos hacer más y ganar más dinero, a mí me siguiera pareciendo poco y me impulsara a seguir. Yo pensaba en grande.

Cuando fijas tu meta en una cifra y tu empresa te empieza a dar esa cantidad, dejas de sentir hambre, te sientes satisfecho y dejas de avanzar, de la misma forma en que la gente «normal», cuando está comiendo y se siente satisfecha, deja de comer. Si estableces que lo que quieres son cuatro mil dólares al mes, por ejemplo, te vas a sentir satisfecho cuando alcances esa cifra. En cambio, si tu meta es tan alta que con nada te sientas satisfecho, se activará un motor diferente, y ese motor, bien canalizado, te podrá llevar a un camino de crecimiento constante.

Ahora bien, también te digo que formar parte del 1% del mundo significa hacer sacrificios que solo hace ese 1%. Y ahí es cuando deja de cuadrar la ecuación. Casi nadie está dispuesto a hacer esos sacrificios, todo el mundo quiere los resultados inmediatos y asequibles, quiere lo alcanzable y se olvida de ir más allá. **Pensar en grande es, pues, imaginar que puedes lograr lo que la mayoría considera imposible, es seguir teniendo hambre cuando ya te has comido lo que para todo el mundo es suficiente... es ser un maldito loco con delirios de grandeza.**

Es cierto que, en exceso, la autoestima puede llevar a la mente a un trastorno de personalidad narcisista. Pero ojo: una cosa es sentirse importante, capaz, poderoso, con la fuerza para lograr cualquier cosa que te propongas, y otra es creerse mejor que los demás y andar por la vida con aires de superioridad. Si haces esto, irás quedándote solo, y como ya lo he dicho, los millonarios saben que necesitan de los demás y estar rodeados de gente igual de chingona que ellos. Con eso paso al siguiente punto.

7. Hazte amigo de otras personas trastornadas

No hay duda de que quienes seguimos este camino del éxito entendemos el poder de la proximidad, sabemos que las personas de las que nos rodeamos determinan en gran parte lo que somos y lo que terminamos logrando en la vida. De hecho, hay datos y muchos autores que lo sostienen. En el libro *The Compound Effect*, de Darren Hardy, por ejemplo, leí que un estudio de la Universidad de Harvard, realizado por el psicólogo social David McClelland, estimó que la gente con la que te asocias determina 95 % de tu éxito o tu fracaso en la vida. Está cabrón, ¿no?

Por su parte, el exitoso empresario Jim Rohn dice que «eres el resultado de las cinco personas con las que más convives». Y Tony Robins, a quien considero uno de mis mentores, expresa esa misma idea de forma maravillosa. Señala: «Si quieres que tus sueños y metas se vuelvan realidad de forma más rápida, debes rodearte de personas que jueguen en un nivel más elevado que tú. ¡Rodearte de ellos te dará poder! Ya sea en los negocios, salud, finanzas o relaciones afectivas, si te rodeas de gente exitosa en esa área, podrás hallar el modelo a seguir, el que funciona, y así lograrás en días lo que hubieras conseguido en años. Recuerda: todos terminamos convirtiéndonos en las personas con las que más pasamos nuestro tiempo». Busca seguir a las personas que ya han logrado lo que tú quieres.

Ahora, me han preguntado si, para ser exitoso, es necesario cortar con amistades y familiares que no piensen en grande, porque, de ser así mucha gente terminaría quedándose sola. Siempre respondo que no, para nada, porque la familia es eso, la familia, y los amigos y las amigas de toda la vida son también familia. Hay que mantenerla cerca todo el tiempo. Sin embargo, a nuestra vida van llegando personas cada año, nuevas amistades, ya sean cercanas o no, colegas de trabajo, mentores también, y son precisamente esas personas a las que debemos ir seleccionando en nuestra vida adulta. **Busca a otros locos, a otras locas, a gente trastornada que siga el camino del éxito, pero también a quienes ya lo hayan conseguido de cierta forma, y aprende de ellos.** Ya que nuestros círculos íntimos están definidos, podemos escoger a quién más añadimos. No te sientas culpable por elegir. Tampoco dejes que los círculos de éxito modifiquen por completo quien eres, impongan nuevas condiciones a tu vida o se vuelvan una obligación adicional. La mente millonaria es autónoma y sabe pensar por sí misma.

03

LIBERTAD

Estoy seguro de que compraste este libro porque crees que quieres tener más dinero. Pero ahí te va un *spoiler*: **lo que tú estás buscando no es dinero, sino libertad. El dinero es solo el vehículo para alcanzarla.** M.J. de Marco decía: «Cada dólar que ganas es un soldado que está peleando por tu libertad». Cuando empiezas a reprogramar tu mente con la idea de reclutar a estos soldados que van a pelear por tu libertad, quieres que cada vez sean más y más, y que también den una buena pelea, la mejor.

Te lo explico con esta historia:

Un día, hace muchos años, llegué a la oficina de un cliente y vi que su sala de juntas privada estaba decorada para su fiesta de cumpleaños: sobre algunos escritorios había varios pasteles, vasos y platos desechables, además de globos de colores con las palabras *Happy Birthday*. Yo no sabía que era su día y había llegado sin regalo. Aunque él era más joven, lo admiraba mucho y lo consideraba mi mentor; era uno de esos cabrones contagiosos de los que quieres aprender. Había ganado mucha lana y llevaba un estilo de vida ostentoso. De hecho, uno de los autos que manejaba era un Jaguar de dos plazas que me encantaba.

Cuando me senté frente a su escritorio y lo felicité por su cumpleaños, le pregunté cuántos cumplía.

—¿En serio quieres saber? —me respondió, claramente incómodo por la pregunta, y pensé que era de esos a quienes les daba pena revelar su edad—. Hoy justo logré sesenta y dos años.

—¿Sesenta y dos? Me estás choreando ¿cómo vas a tener más de sesenta? —le dije. Era claro que él era mucho menor que yo.

—Te juro que hoy cumplo sesenta y dos años. Eso es lo que celebro. El problema es que tú me estás preguntando por los años de vida que tengo y eso no es a lo que me refiero. Los años de vida son lo de menos si los pasas de esclavo.

—¿A qué años te refieres entonces? —pregunté.

—A los sesenta y dos años que tengo de libertad —me respondió.

No entendí nada.

—A ver, ¿a qué te refieres? —le pregunté, ya más serio.

—Mira, güey, si yo hoy dejara completamente de trabajar y mis ingresos activos se fueran a cero, podría vivir sesenta y dos años con el estilo de vida que tengo proyectado.

—¿Y por qué sigues trabajando entonces, si ya tienes suficientes años para ser libre? —le pregunté.

—Porque aspiro a llegar a los doscientos años de libertad. Así podré dejarles libertad financiera a tres generaciones. Eso hacen los verdaderos ricos. No heredan dinero, sino libertad financiera absoluta.

Ese momento se quedó tatuado en mi cerebro. Ahí entendí que, para eso, justamente, sirve el dinero: para comprarte años de libertad. La gente con el código correcto piensa así: *«Construyo mi negocio, lo automatizo, y luego ese negocio DEBE funcionar sin mi presencia. Mientras mejor le vaya al negocio sin mí, más grande el éxito»*. El verdadero objetivo es entonces la libertad. **La verdadera riqueza proviene de un sistema de activos coordinados cuyo rendimiento permita costear tu estilo de vida y el de las generaciones venideras, sin requerir tiempo, sin importar quién opere el sistema o cuál sea la dinámica del mercado.** Jamás lo había visto de esa manera.

LOS CUATRO TIPOS DE RICOS

Después de conocer a la gente de verdad rica, me he dado cuenta de que la mayoría de las personas no tiene ni idea de qué

es ser rico, así que voy a explicártelo y dejarlo bien claro.

Hay cuatro tipos de ricos en el mundo:

1. **Sobreviviente:** aquel que tiene lo suficiente para cubrir todas sus necesidades básicas y, además, puede darse un «lujito» de vez en cuando: comprarse un celular nuevo, una tele o cualquier aparato electrónico pendejo. Quienes «gozan» de esos «lujitos» se creen ricos y presumen cualquier compra que hacen (aun cuando sea a crédito).
2. **Comprador de juguetería:** aquel que ya acumuló más dinero que el sobreviviente y a quien ya los «lujitos» le resultan insuficientes. Por lo tanto, comienza a comprar juguetes: carros, motocicletas, relojes caros, cualquier cosa que le haga creer que esa es su riqueza. Este nivel es en el que más gente está metida porque se deja llevar por las imágenes de carros y lujos

de las redes sociales. Es un tipo de riqueza que los medios de comunicación amplifican, pero que nada tiene que ver con la riqueza real. La mayor parte de esos juguetes se deprecian y son pasivos.

3. **Jugador de Monopoly:** aquel que ya se dio cuenta de que los juguetes nada más le quitan dinero y comienza a hacer inversiones pequeñas o a comprar propiedades, por lo general aisladas: una casa, un departamento, un local comercial. Así empieza a hacerse de activos inmobiliarios o de inversiones. No tiene un plan, solo busca refugiar el dinero para que no pierda valor.
4. **Rico de generaciones:** aquel que ya no piensa en hacer dinero para él, porque eso ya lo tiene más que cubierto, sino que busca crear un sistema de activos que de manera conjunta garantice la libertad financiera de hasta tres generaciones posteriores. Es decir, que

les permita a sus descendientes disfrutar un estilo de vida chingón y no tener la necesidad de trabajar, pues ya cuentan con un sistema financiero en funcionamiento. Para que eso suceda, «el rico de generaciones» construye un sistema de activos que funcione aun cuando él no esté presente e independientemente de las situaciones del mercado. Este es el rico real.

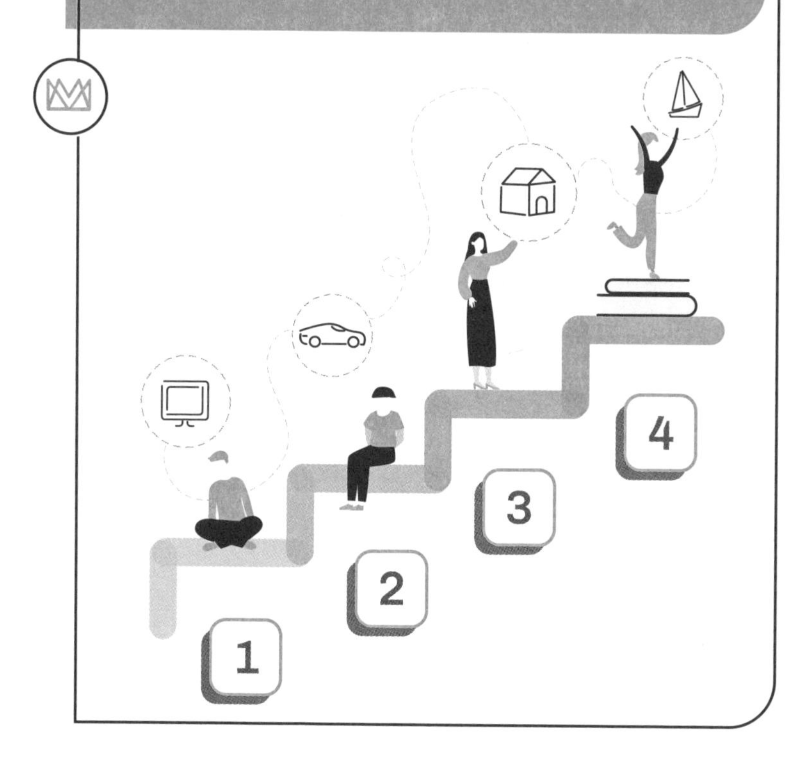

La mortalidad financiera

Para instalar el nivel Libertad del nuevo *software* en tu cerebro es necesario que tengas claro el concepto de *mortalidad financiera*. Esto es, los años de vida que podrías costear con el dinero que has acumulado hasta ahora sin sacrificar tu estilo de vida deseado. Es decir, si por algún motivo se detuviera tu generación activa de ingresos, ¿cuántos años podrías seguir manteniendo tu estilo de vida actual?

Para calcular tu mortalidad financiera debes determinar cuánto vale el estilo de vida que deseas y qué pasaría si no produjeras un centavo más; no se vale pensar en ahorrar en determinadas cosas para extender el plazo. Quiero que detengas la lectura de este libro y hagas ese ejercicio, no me importa si tu mortalidad financiera es de dos meses. Mi intención es que lo tengas claro. Escribe tu respuesta a continuación.

Mi mortalidad financiera actual es de:

Si tu respuesta es menos de un año, dime, ¿cómo se siente? Hace unas semanas, durante una mentoría, le pregunté a un emprendedor eso mismo y me dijo: «Sentí que me dijiste que tengo cáncer. Así de jodido estoy». Pero eso es lo de menos.

La cuestión es que tienes que empezar a pensar YA mismo cómo vas a construir tu máquina de producción de dinero y cómo la vas a entregar a las siguientes generaciones. Debes pensar a doscientos años en el futuro. Y doscientos años «a prueba de pendejos», porque te aseguro que habrá alguien en la generación siguiente que se dé en la madre. ¿Entiendes el cambio de mentalidad al que me refiero? Si piensas en tres generaciones adelante, cambiará tu forma de ver las cosas. Y, por favor, vete olvidando de esa meta jodida de «yo estoy ahorrando para mi retiro». O, mejor dicho, no lo olvides; dalo por sentado.

En mis años de consultor en 4S Real Estate tuve la oportunidad de conocer a las personas más ricas de Latinoamérica y ninguna de ellas tenía la meta de retirarse a una playa con dinero. ¡Ellos se podían retirar en cualquier momento! Es decir, ya habían generado dinero suficiente como para no hacer nada. Pero en ningún caso medían la riqueza como el logro de retirarse a la playa, sino como una riqueza que se extendería por varias generaciones.

Si tu situación financiera hoy no es la ideal (y creo que por eso estamos instalando el *software* Infinitas Posibilidades), seguro estarás pensando: «*Ah, muy interesante todo esto, Master, pero ¿en dónde consigo el dinero?*». O como me dijo alguien en una conferencia: «Muñoz, si ya tuviera el dinero, no estaría aquí preguntándote». La respuesta es muy simple: los ingresos que te dan libertad provienen de múltiples fuentes, de los variados emprendimientos que vayas creando con el tiempo. Y la mejor manera de entender a qué me refiero con esto es por medio de lo que llamo «el árbol del dinero».

El árbol del dinero

Recuerdo que, durante mi infancia, mi abuela solía decir que el dinero no crecía en los árboles. Yo la quiero mucho, pero estaba equivocada. El dinero justamente proviene de un árbol: del árbol del dinero o de los ingresos. Déjame explicarte mi concepto.

Aunque no lo creas, hay una manera de lograr una gran fortuna sin tener que inventar el negocio del siglo, sin crear el nuevo Facebook. Y esa manera se da con la disciplina y la consistencia que te permiten sumar fuentes de ingresos de a poco, con el tiempo. Supongamos que estás en cero, es decir, que no tienes todavía una fuente de ingresos propia. Entonces tienes que desarrollar una habilidad de alto valor agregado, es decir, elegir algo para lo que seas bueno y que sepas hacer, y empezar a vender tus servicios. Estos servicios de alto valor agregado serán tu primera fuente de ingresos. Cuando tengas dominado este servicio y te brinde un ingreso constante, cuando tengas a alguien que te apoye o lo hayas entrenado para que lo haga sin ti, te darás cuenta de que tendrás espacio mental para crear un segundo servicio relacionado. Entonces tus fuentes de ingresos ya serán dos. Luego harás lo mismo con esa segunda fuente. Entonces tendrás tres fuentes de ingresos.

No tienen que ser grandes negocios, pero la clave está en que deben operar sin ti. Si no requieren tu tiempo porque te las ingeniaste para dejarlos operar solos, entonces seguro más adelante se te ocurrirá otro negocio más. Y así sucesivamente. Lo interesante de este proceso es que, mientras sigas sumando fuentes de ingresos, más mejorará tu coeficiente intelectual financiero y cada vez entrarás a negocios más fuertes.

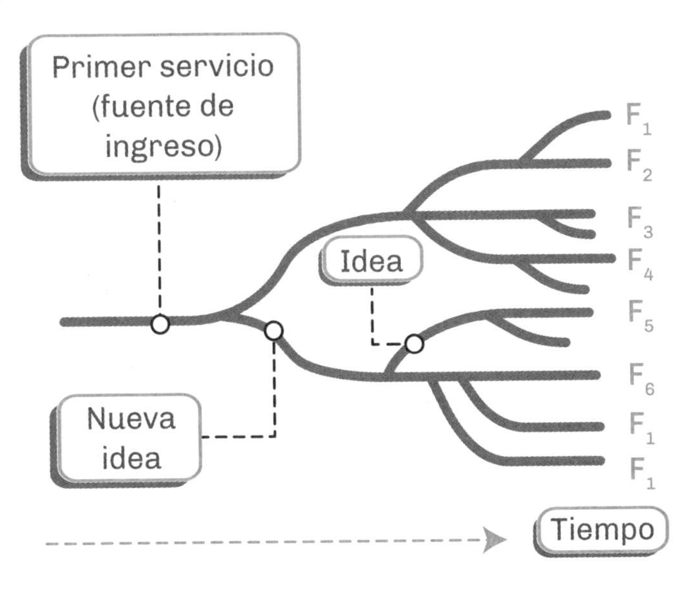

Le llamo así porque cuando rotas la imagen puedes ver lo que has logrado.

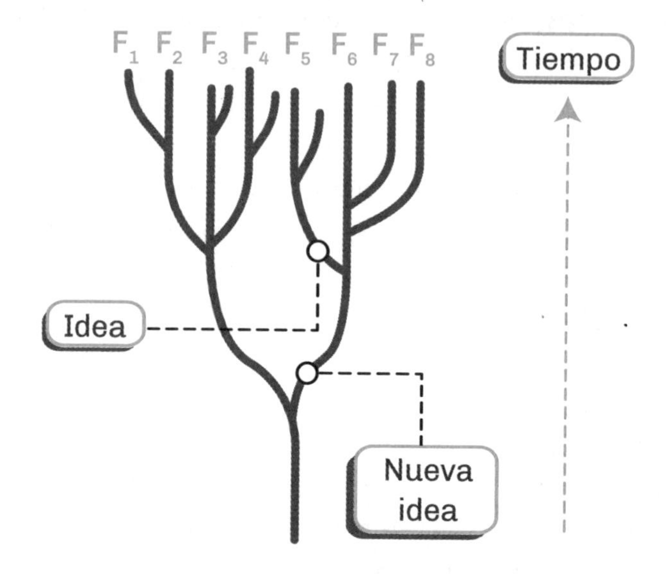

En eso consiste el árbol del dinero.

Como puedes ver en el diagrama, a medida que avanza el tiempo se incrementa la cantidad de fuentes de ingresos. Si estás empezando tu vida profesional quizá aún no entiendas esto, pero si instalas el código de la mente millonaria con el tiempo encontrarás nuevas oportunidades, nuevas fuentes de ingresos.

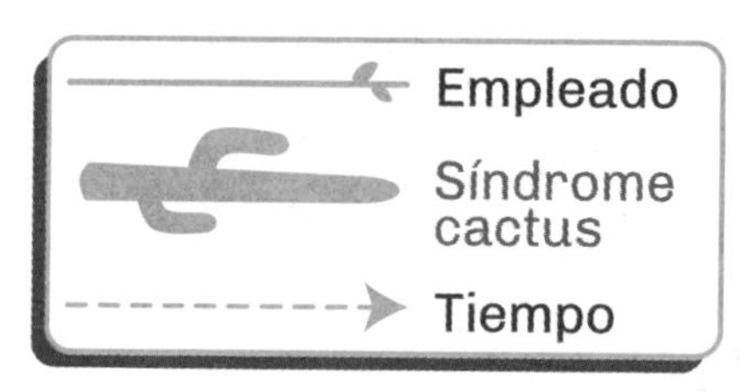

Si visitas cualquiera de mis redes te darás cuenta de que nunca he dicho que una sola idea o la suerte te harán millonario. Al contrario, siempre hablo del trabajo y la estrategia como fuentes comprobadas para hacer crecer tu fortuna y, por ende, conseguir libertad. No hablo de esoterismos ni de desear algo con todas tus fuerzas hasta que se cumpla. Conforme he ido conociendo a la gente más exitosa del planeta me he dado cuenta de que su éxito se basa justamente en la fortaleza de su propio árbol del dinero y en la cantidad de ramas que este tiene.

Yo, por ejemplo, estoy escribiendo este libro a inicios de 2021 y, al día de hoy, te puedo decir que tengo 24 fuentes de ingresos diferentes, 24 ramas. Muchas de ellas están dentro de mis tres negocios principales y otras han sido oportunidades que han ido apareciendo con el tiempo, como mis regalías de YouTube o los dividendos de mi grupo de vendedores inmobiliarios Mil Millones. Como ves, mi dinero no proviene de una idea extraordinaria que me trajo cientos de millones de dólares. Eso ocurre muy de vez en cuando, aunque la prensa sensacionalista nos quiera hacer creer lo contrario. Mi dinero proviene de la disciplina y la constancia de estar creando más y más fuentes de ingresos. Todos los millonarios que conozco hicieron sus fortunas así, y no «pegándole a la lotería de las ideas», como muchos en las redes sociales nos quieren hacer creer.

El concepto del árbol del dinero puede aplicar en cualquier tipo o tamaño de negocio; es una estrategia, entiéndelo así. Es decir, no necesitas ser el dueño de una empresa con trescientos empleados para pensar en el árbol del dinero. Si piensas en el árbol del dinero desde que tienes cero empleados o un empleado o un socio, ya las llevas de ganar. Así que no te asustes y sigue leyendo. **La mente millonaria piensa en grande, pero también es inteligente y sabe que es poco a poco, con disciplina y constancia, como irá acumulando su riqueza.**

Cuando hablo de fuentes de ingreso no pienses solo en negocios, es decir, en la generación activa de dinero que requiere tu tiempo y talento. La realidad es que cuando te haces de un activo, este puede generar dinero sin necesidad de que tú participes en el proceso. Por eso el árbol del dinero en realidad tiene dos tipos de ramas: *a)* ingresos activos y *b)* ingresos pasivos. Los primeros requieren tu tiempo y dedicación constantes, mientras que los segundos no; simplemente provienen de tu sistema de activos. Tu portafolio es justamente el que dará estos ingresos.

Los dos tipos de rama en el árbol del dinero

Fuente de ingreso del sistema de activos

Cuando tenía apenas dos negocios decidí comprar mi primer activo: un pequeño terreno urbanizado. Vendí ese terreno (ya con plusvalía) y compré dos terrenos nuevos. En uno de ellos construí una casa para vender. Después de que vendí esa casa compré un par de departamentos en mejores zonas. Si te fijas, de nuevo es el tiempo el que hace la labor de multiplicación y el que se encarga de abrir más ramas en el árbol. En el diagrama anterior te marqué con tono más oscuro las ramas de tu árbol del dinero que provienen de tu sistema de activos. En el largo largo plazo serán las únicas ramas que darán sombra, así que tienes que ser estratégico al construirlas.

Tal vez te estás preguntando: «Oye, Carlos, ¿qué tipo de activos tengo que ir coleccionando para hacer mi árbol del dinero más fuerte?». Para saber esto primero tienes que entender las bases de la estrategia financiera, así que pasemos a eso.

La estrategia financiera

Estoy escribiendo estos renglones un día entre semana a las 10:28 de la noche. Terminé un día larguísimo y creo que si eres de mis seguidores, si consumes mi contenido y lo has aplicado con éxito en tu vida, seguro también experimentaste un día igual, porque te rompes la madre por tu emprendimiento. Y, aun así, aquí estás, porque te lo he dicho mil veces: *si quieres vivir bien, vas a dormir mal*. Pues sí, eso es cierto. Espero mucho esfuerzo de tu parte, pero espero todavía más de tu dinero, y por eso este libro.

La idea es que trabajes mucho, pero que tu dinero trabaje el doble. El dinero también debe ponerse a jalar y no quedarse estático, debe moverse y ser incansable, como tú.

En este apartado te voy a llevar paso a paso por el proceso de convertir tu dinero en un sistema de activos que no dependa de ti y te dé absoluta libertad financiera.

Los tres sacos de dinero

Empecemos por el principio. Todo el dinero que generes, sea mucho o poco, se tiene que dividir en tres cuentas: gastos personales, dinero protector y dinero productivo.

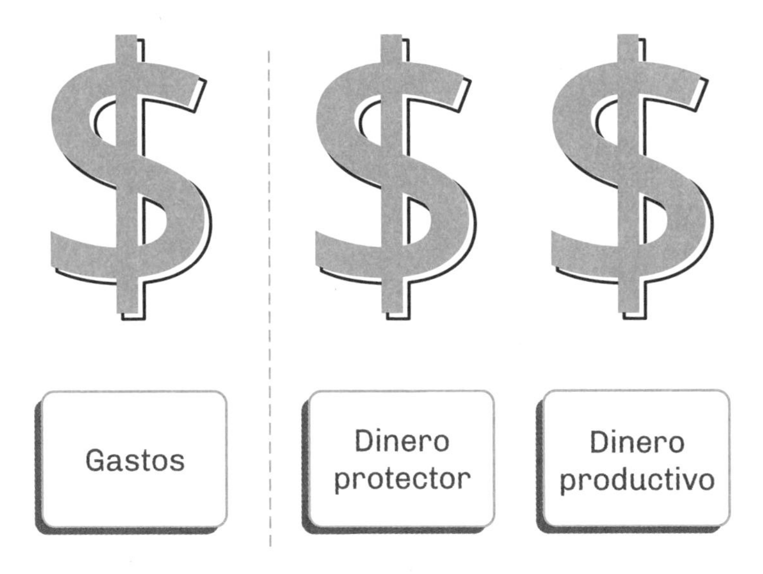

Veamos estas tres cuentas en detalle.

1. Cuenta de gastos

Esta es la primera cuenta en la que vas a pensar cuando toque distribuir tu dinero limpio, el de la cartera. Todos necesitamos dinero para sobrevivir, ¿no? Por eso, este será el primer saco al que le caerá tu ganancia, aunque, claro, más adelante hablaré de cómo esta idea de «sobrevivir» es más compleja de lo que parece.

La palabra o el concepto de *gastos* es bastante ambiguo o, más bien, abarca demasiado, y que no te extrañe, pues se refiere a todos los costos en los que incurres durante tu vida. Todos. Es muy sencillo identificar gastos, aunque sean demasiados, y, por lo tanto, es demasiado fácil enfocarse en ellos cuando se trata de administrar dinero. Si lo piensas, todos los libros de finanzas personales que encuentres en las librerías, los que están hechos para el gran público, se centran en esto. Es como si todas sus páginas fueran un gran capítulo de gastos y cómo controlarlos, así que se enfocan en enseñarte a recortarlos para ahorrar. Ya sabes que a mí se me hace una pendejada que nos pongamos a hablar de «ahorros centaveros». En cambio, te propongo que hablemos de cosas que nos ayuden a entender el gasto, la lógica detrás de este y cómo aprender a hacer cada vez mejores elecciones en lo que compras.

El dilema de la vida austera

El emprendedor es un animal extraño porque, si bien sueña un chingo y aspira a incrementar su dinero y ser parte del 1% más rico del mundo, al principio pasa un buen periodo sin dinero. Por lo que, cuando este por fin llega y empieza a saborear las mieles del éxito, es decir, el dinero en la cartera, es normal que el ego se desenfrene. Un ego desbocado quiere decir que, conforme se incrementan los ingresos, los gastos empiezan a hacer lo mismo, a veces hasta por encima de los mismos ingresos. Esto es un gran inconveniente para cualquier estrategia financiera y por eso el primer paso para lograr multiplicar el dinero es atajar al ego. Porque si toda tu vida es ahorro, con el tiempo perderás el hambre de ir por más, pero si toda tu vida es ego, con el tiempo perderás todo tu dinero.

Siempre que doy esta plática al público surge la pregunta: «*Carlos, ¿cuánto es un gasto razonable? ¿Qué porcentaje de mi ingreso?*». La respuesta correcta es cero. Sí, eso sería lo razonable, por eso dije que la idea de sobrevivencia es cuestionable y debatible, pero de eso te hablaré todavía un poco más adelante; esa, digamos, es la respuesta para avanzados.

La respuesta para principiantes es que debes buscar que tus gastos se acomoden con 50 % de tus ingresos limpios para que puedas mandar la mitad de tu energía o capacidad distributiva a los otros dos sacos, el del dinero protector y el del dinero productivo. Recuerda que **cada dólar que logras convertir en dinero productivo es un soldado que irá a pelear por tu libertad, por lo que cada dólar que gastas es un soldado que te abandona.**

La recomendación de llevar una vida austera (la de los libros de finanzas que te piden usar el detergente más barato) acarrea siempre un problema: cuando vives con el objetivo de ahorrar en todo le transmites una mentalidad de escasez a tu cerebro, la cual te detiene. *No puedes, no hagas, no, no, no...* Suena al sistema operativo Límites, del que ya nos deshicimos páginas atrás.

Un gran problema es que el mundo está lleno de alternativas para gastar más dinero, más dinero cada vez, en todas las categorías de consumo imaginables. Muy rápido puedes llegar a gastar diez veces más en los mismos productos que hoy consumes, todo sin darte cuenta o sin ver los efectos. ¿Dónde está la clave para evitarlo? En entender el concepto de lujo selectivo y en tener la disciplina para mantener un gasto general razonable.

Muchos autores expertos en estas materias hablan del lujo selectivo, aunque tengan nombres diversos para referirse a lo mismo. Lo que dicen es que tenemos que obligarnos a gastar un porcentaje de nuestros ingresos en filantropía y gustos personales costosos para despertar la ambición en nuestro cerebro: que acostumbren a nuestra mente a querer siempre ir por más. Existe, por ejemplo, el concepto de *dream bucket* (canasta de sueños), que, como podrás intuir por el nombre, significa hacer una lista de cosas estúpidamente caras, fuera de tu nivel. La idea es que tengas una «canasta de lujos» digna de escandalizar a cualquier autor de esos «cuentacentavos» y que cada cierto tiempo compres uno de los ítems de esa canasta. Irás tachando de la lista los lujos conforme los vayas adquiriendo. Por supuesto que esta lista se irá actualizando, pues tú irás cambiando como persona y desearás otras cosas.

El punto es que el lujo selectivo es como la zanahoria que quieres alcanzar: te permite reeducar a tu cerebro para que necesite más dinero. Y es que, si tienes todo lo que necesitas, si llevas tus gastos al mínimo y cierras y encoges tu hambre de obtener más, ¿cómo va a entender tu cerebro que necesitas ganar más? Te juro que la vida es tan barata que, si no le enseñas a tu cerebro que necesitas o quieres más, no se moverá de donde está. Tony Robbins dice que uno debe quemar 10 % de su dinero en lo que le dé la gana, gastarlo en algo que te rompa el cerebro. Cuando tuve oportunidad de conocerlo en persona, me contó que una vez pagó 300 mil dólares para sentarse en la segunda fila de una pelea de boxeo. Ese fue su ejemplo. ¿Te imaginas eso? 300 mil dólares. Los ítems de tu *dream bucket* tienen que ser todos así: ridículos, absurdos, pero que te motiven. Para alguien eso puede ser un auto nuevo; para alguien más, un viaje de lujo a Laponia, y para otro, un reloj de 100 mil dólares.

Si aún no tienes tu *dream bucket*, empieza por escribir tus primeros tres ítems aquí:

MI DREAM BUCKET

1. ____________________

2. ____________________

3. ____________________

2. Dinero protector

Completa la siguiente frase:

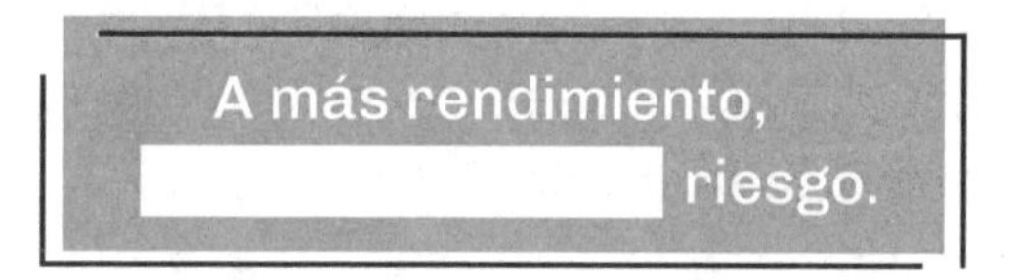

La respuesta es «mayor». Por supuesto, si piensas en ir por mayores rendimientos, vas a enfrentar mayores riesgos. Yo ya me fui a la bancarrota con una empresa exitosa por no tener un sistema de respaldo ante mis riesgos. No había pensado bien en la idea de reunir mi dinero protector antes de pasar al dinero productivo y me fui de hocico, en picada, hasta tocar fondo. Cuando eres joven crees que el mundo nunca te va a fallar, te sientes poderoso e imaginas que las tragedias les pasan a todos menos a ti. Recibí de golpe dos millones de dólares, me sentí el rey del mundo e invertí en un nuevo proyecto inmobiliario, pero con deuda. La primera vez salió bien y también la segunda. Pero a la tercera me di un madrazo de realidad como pocos.

La historia comienza en Veracruz, en 2010-2011, un periodo del que no quisiera acordarme a veces. Se me presentó la oportunidad de un proyecto de desarrollo, un edificio de departamentos, en el que todo se había acomodado perfectamente: el terreno era aportado, el arquitecto era un amigo, los permisos se lograron sin contratiempos, hicimos una preventa y vendimos 30 % de la torre en tres semanas y, además, tres bancos nos ofrecieron líneas de crédito puente (se le llama así a un crédito para construir grandes proyectos). Parecía un cuento de hadas inmobiliario. A los tres meses de lanzarlo seguíamos vendiendo. Pocas veces las piezas caen en su lugar con tanta facilidad.

Por si no lo recuerdas, o no te enteraste porque vivías debajo de una piedra, esos años fueron complicados en México: la «inseguridad» estaba en todas las conversaciones y era un factor importante para hacer o dejar de hacer cosas. En pleno proceso de construcción nos aventaron dos cuerpos enfrente del desarrollo luego de una balacera. Enfrente. Nosotros ya íbamos por la losa del quinto piso de una torre de doce. Entonces nos planteamos el dilema: seguir con la construcción o parar. ¿Por qué? Porque eso era una señal de que la zona, la ciudad, era peligrosa y podía tumbarnos el proyecto. Si parábamos, perdíamos unos tres millones de dólares entre lo que debíamos devolver y pagar para cerrar contratos. Si seguíamos, teníamos la opción de que la gente nos comprara, porque ya teníamos la línea de crédito del banco autorizada, teníamos el dinero para continuar. En ese momento tomamos la decisión de seguir, porque al final nadie entendía bien lo que estaba pasando (fuimos inocentes y creíamos que México iba a salir adelante).

Nos comimos toda la línea de crédito puente y no vendimos ni una sola unidad más. Terminamos la torre con millones de dólares de deuda. El banco nos había comido un departamento al mes de puro interés y, aunque mi empresa de consultoría iba muy bien, todo el dinero se iba para pagar la deuda, así que a mí me quedaba nada para la cartera y quedé en bancarrota. Fue cuando hice crecer la empresa, pero igual todo iba para pagarle al banco y fue una tortura de varios meses. Por fin logramos vender 20 % más, además de un paquete de remate a un grupo de inversionistas, luego un intercambio con proveedores locales, una sumatoria de estrategias... hasta salir. Cada vez que cuento esto es como si exprimiera limón sobre la herida.

Es normal que sucedan este tipo de cosas, de imprevistos, y si quieres entrar al juego de multiplicar el dinero debes asumir el riesgo, porque está vinculado al retorno: **si quieres más retorno, debes asumir un riesgo cada vez mayor.** Pero no porque tomemos riesgos debemos quedarnos de protegidos. Este justo es el papel que debe desempeñar el dinero protector. Yo no estaba protegido. Quiero que tú lo estés, porque solo así podrás ser más arriesgado.

Imagina que eres un trapecista y el dinero protector es la red que debes colocar debajo para que puedas seguir haciendo locuras en el aire, despreocupado, porque sabes que, si te caes, tienes algo que te va a sostener. La existencia de la red te da paz mental y el desparpajo para ser más agresivo. O sea, si soy trapecista y sé que hay una red abajo, voy a hacer piruetas cada vez más difíciles; total, si me caigo, no me voy hasta el piso porque caigo en algo seguro.

Con el dinero protector busco un nivel mínimo de riesgo. Aun cuando sé que estoy yendo más lento, no tengo problemas, porque sé que ese dinero es un colchón que me protege. Ahora bien, siempre está el dilema de cuánto repartir al saco del dinero protector, ya que el resto irá al del dinero productivo. El problema que enfrentamos para esta decisión es psicológico. Para que me entiendas, voy a contar otra anécdota personal:

El año pasado, en Semana Santa, hice mi viaje anual para esquiar en Canadá. Un día, el segundo de las vacaciones, mientras iba bajando por la montaña, se me atoró el esquí derecho —tengo una lesión permanente en esa rodilla— y salí volando unos diez metros. Quedé tirado, con un chingo de dolor, y en ese momento pensé que me había roto la rodilla o algún otro hueso. Me tranquilicé y mientras escuchaba a la gente bajar por la montaña a unos metros de mí, sin reparar quizá en que me había roto algo, me puse a hacer un inventario, hueso por hueso, durante veinte minutos, ahí tirado sobre la nieve. Primero sentía si se movía el pie, si se movía la rodilla, los brazos, la cabeza. Estaba en eso cuando llegó la moto de rescate. Me entablillaron y me revisaron, a mí y al equipo, y se dieron cuenta de que lo que había causado el accidente fue que se me había roto la base del esquí justo donde entra la bota. Ya no tenía esquí para bajar. Me preguntaron si me sentía bien y luego de un par de pruebas se dieron cuenta de que no me había pasado nada. Me dieron otro par de esquíes y subí otra vez a la montaña. Misma montaña, misma dificultad. Era cosa de dejarme ir de nuevo y retomar mi día. Sin embargo, cuando estaba arriba, antes de arrancar con el circuito, no pude. Se veía diferente, se veía más alto, más complicado, más peligroso. A mi lado pasaban otros esquiadores y se lanzaban emocionados, con gusto. Pero yo ya no podía. Me quité los esquíes y bajé de la montaña. No había podido porque ya no era el mismo.

Si sabes esquiar, si has bajado por una misma montaña diez veces y en la siguiente te caes, lo más seguro es que te levantes y lo vuelvas a intentar. Pero lo único que pensaba era: «te vas a volver a caer». Me costó muchísimo, al día siguiente, volver a pararme ahí para descender de nuevo. Me costó como si fuera la primera vez que esquiaba. Lo que quiero decirte con esto es que cuando cometes un error, sea una crisis grande o una mala inversión (como la mía de Veracruz), tu estado mental cambia por completo; te vuelves un hiperconservador. Perdí grandes oportunidades muchos años después de lo que me pasó en Veracruz por estar a la defensiva y con el estado mental equivocado. Me cargué hacia el dinero protector.

En el juego entre el dinero protector y el dinero productivo no hay una cantidad correcta para echar en cada saco. Quizá la mejor respuesta que he escuchado en esta materia es la que dice que el porcentaje asociado al dinero protector (del total que entra en estas partidas) debes calcularlo en función de tu edad: **a medida que avanzas en la vida más protector debes ser y menos riesgos debes tomar.**

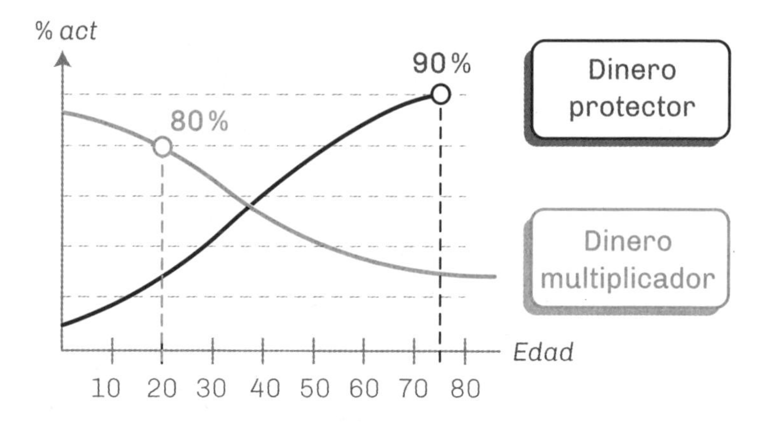

Pero, de nuevo, no hay una fórmula correcta y te sugiero que no tomes el consejo de nadie que no conozca bien tu situación financiera. Mi intención es que, decidas lo que decidas, pienses bien si lo que estás poniendo en el saco del dinero protector lo haces por miedo a volverte a caer o porque tu decisión parte de un análisis bien estructurado de tus necesidades, tus deseos y la ruta de crecimiento y multiplicación del dinero.

El dinero protector está compuesto de tres cosas:

a) **Seguros**
b) **Reserva líquida**
c) **Tus recursos de ahorro**

En lo personal, dejo que el dinero protector lo maneje mi esposa. Yo soy muy agresivo, y si por mí fuera todo sería dinero productivo. Pero como sé eso, me desvinculé de ese saco y lo puse en manos de mi mujer. Nuestro dinero protector incluye, además de los seguros, una reserva líquida de seis meses, en una cuenta que está a la vista para usarse ante cualquier eventualidad.

Ahora, si se trata del negocio, este también debe contar con su sistema de reservas. En el caso de mi compañía, mi contador nos marcó 2 % de reserva líquida y 1 % de reserva extraordinaria. En total, traemos 3 % de facturación en reservas. De hecho, en la etapa de cuarentena que vivimos (si lees esto en el futuro, te traerá malos recuerdos), utilizamos las reservas durante un mes porque son para eso y, luego, cuando vimos que todo iba bien y que no pasaba nada, regresamos el dinero al saco. Pero una cosa son las finanzas personales y otras las del negocio; si al negocio le va mal, debería resolverlo con su propio dinero sin tener que echar mano de la reserva. Pero en fin, si te parece, pasemos a explicar cada uno de los puntos del dinero protector.

a) Seguros

Los seguros son una parte integral del porcentaje y los factores por considerar para el dinero protector. Eso para mí está clarísimo. Nunca te aconsejaría vivir sin seguros. Sin embargo, vivimos un momento en el que los vendedores de seguros te quieren hacer creer que con sus planes de ahorro (planecitos) vas a multiplicar tu riqueza y te vas a hacer supermillonario. Quieren que creas que con el juego de soluciones financieras que te ofrecen estás multiplicando el dinero, pero la de ellos es otra operación, nunca una multiplicación. Sí, ese dinero protector es importante, sobre todo para quienes son jóvenes y llevan el dinero en la mano. Los seguros son fundamentales, pero cuida que tampoco te vendan mentiras diciendo que una herramienta de un fondo va a hacer crecer tus arcas.

b) Reservas líquidas

Si te preguntas a qué me refiero con reservas líquidas, hablo de la cantidad de dinero necesaria para sobrevivir con tu familia durante, en este caso, seis meses con el mismo estilo de vida, con todo y el ahorro, y con esto incluyo los pagos de gastos médicos mayores, autos, escuelas y todo lo que incluya tu estilo de vida. La idea es que te sientas seguro de que puedes salir adelante sin agobiarte en esos seis meses y enderezar el barco si te metiste en algún problema o surgió alguno, como una pandemia.

c) Ahorro a largo plazo

Aquí sí incluyo este concepto en el sentido tradicional, porque estamos dejando una parte del dinero sin riesgo, guardado. Ahora, si me apuras y me preguntas qué porcentaje debe ser, primero te diría que todos los gurús tradicionales del manejo del dinero suelen decir que es 10 % de tu ingreso bruto. Eso es dinero protector que deberá destinarse a inversiones de bajo riesgo, aburridas, pero seguras. Ese dinero también lo vas a poner a chambear, pero a paso lento. Ese dinero no se arriesga. Claro, podrías decirme que quizá tengas para meterle más, pero entonces viene un enorme problema: si le metes 10 % más, ¿qué pasa con tu saco de dinero productivo? Baja. Y como en este libro estamos instalando la mentalidad de agarrar todos los caramelos de la canasta, personalmente no lo recomiendo. Acuérdate de que la riqueza por la que vamos es transgeneracional, es decir, implica contar con un sistema de activos que produzca un rendimiento sin tu participación. Tener dinero en tu sistema protector es tu red, pero no te va a dar ese resultado, no sirve para multiplicar.

Si piensas solo en tu retiro y mezclas el dinero productivo con el protector, vas a tomar decisiones tímidas y poco arriesgadas. Hay personas que me dicen que no están ahorrando para el retiro, pero que tienen diez departamentos y un terreno a su nombre, y que la renta de esas propiedades les está dando dinero, que está trabajando para ellas. Esto está muy bien, pero implica ser conservador. Son las inversiones seguras y aburridas. Suman a cuentagotas. Si esa gente de verdad estuviera jugando al multiplicador, estaría buscando la manera de levantar un desarrollo inmobiliario apalancado, estaría jugando con riesgo. Son dos cosas diferentes. Con el dinero productivo hay que ir por todo, en cambio, si juntas ambos, estás siendo más conservador.

Entiendo que es necesario ese componente conservador, por eso el consejo es que lo dividas y dejes por un lado el protector/conservador (no estoy sacándole la vuelta) como red de contención y, por otro, el productivo, que lo vas a reventar. Esa es la idea. Si están mezclados, no puedes arriesgar tanto. Recuerda que el objetivo es que seas totalmente libre en términos financieros, y eso lo consigues emprendiendo y multiplicando.

Si ya entendiste la diferencia entre gasto, dinero protector y dinero productivo, podemos seguir.

3. Dinero productivo

Esta es la parte del dinero que trabaja para ti. La idea es que pongas la mayor cantidad de dinero en este saco, el que usaremos para multiplicar tu riqueza. Por eso, cuanto más grande sea el porcentaje que inviertas aquí, más rápido vas a crear la riqueza. Si te preguntas —porque deberías preguntártelo— qué porcentaje de su dinero invierten los ricos en el dinero productivo, te sorprenderás con la respuesta. ¿Estás listo?

¡El cien por ciento! Así como lo lees: la gente que tiene completa libertad financiera invierte 100 % de sus recursos en este saco.

Te lo digo basándome no solo en mis conversaciones con gente de mucho dinero que les ha asegurado la vida a las siguientes tres generaciones de su familia, sino también en los autores M.J. DeMarco, Dean Graziosi y otros más. Vamos a ver, si destinas cien por ciento de tus ingresos al saco del dinero productivo, tu llegada a la riqueza va a ser más rápida. Es pura lógica.

Ahora te preguntarás cómo le hacen los millonarios con sus gastos y con el dinero protector, porque tienen que comer, pagar sus lujos y además los seguros, y tener algún tipo de protección. Bueno, la respuesta es que el rendimiento del portafolio del dinero protector paga todos sus gastos. Además, todos los años pasan un porcentaje del sistema de activos del dinero productivo al saco del dinero protector. ¡Qué diferente su mentalidad!

La mayoría de las personas, en cambio, primero piensa en los gastos, luego en la red de contención y lo que sobra lo pone a jugar en el dinero productivo. Suena a que es lo mejor, lo más seguro, lo más lógico, lo que te dirían los autores cuentacentavos. Sin embargo, la gente muy rica lo ve al revés: juega todo en el nivel productivo porque probablemente ya heredó un patrimonio de dinero protector cuyo rendimiento paga sus gastos. Es algo que jode porque no a todos nos heredan un patrimonio de dinero protector, pero no te pido que te lamentes, sino que adoptes esa mentalidad a tu manera. Lo importante, lo que hay que tener en cuenta, es que el dinero productivo debe trabajar y debe hacerlo de forma agresiva; entonces, así como puedes ganar mucho puedes perder todo, pero estás trabajando con miras a multiplicar un chingo. Recuérdalo: el dinero protector no está trabajando para ti.

Qué enfoque tan interesante el que tengas un portafolio de dinero protector cuyo rendimiento pague el nivel y estilo de vida de tu familia. ¿Eso cuántos años de libertad financiera te da? ¡Infinitos! Nunca sacas dinero del saco principal, sino que vives de los intereses.

A mí me parte el cerebro ver la diferencia entre los que piensan «cuánto les sobró», para luego ponerlo a trabajar, mientras que los ricos lo ponen todo a trabajar y cada vez se hacen más ricos. Y ahí viene el dilema entre poner todo en el dinero productivo, y arriesgarse fuerte, o poner el dinero en un portafolio con el dinero protector y que se la juegue la siguiente generación. De nuevo, esa es una diferencia entre pensar en grande y pensar en chico. Como lo veo, **están los mortales que carecen de dinero multiplicador porque todo se les queda en gastos; los que piensan en**

el largo plazo y llegan a tener dinero protector, pero ahí se quedan, y, por último, los que tienen dinero multiplicador. Estos son muy pocos.

Supongamos que un millonario tiene un portafolio de dinero protector de cinco millones de dólares que genera un rendimiento de 10 %, es decir, 500 mil dólares al año. Ya con eso vive en el nivel del 1 % de la población mundial. Sin embargo, hay que entender las dos versiones de esto, la básica y la profesional. En la primera se piensa sobre todo en el sistema de gastos y en el dinero protector. Es decir, un inversionista básico deja el saco más riesgoso para el final. El inversionista profesional o «de sangre azul», en cambio, se olvida de los primeros dos sacos, porque el tercer saco, el del dinero productor, ya le cubre todo. Entonces, arriesga más y gana más. ¿Me explico? Pone todo a jugar en el saco del dinero productivo, el cual «chorrea» al saco del dinero protector y de ahí paga los gastos. Es decir que un inversionista profesional usa lo mucho o poco que gana por día para multiplicar, mientras que el básico usa sus ingresos para sumar. Avanza, sí, pero más lento.

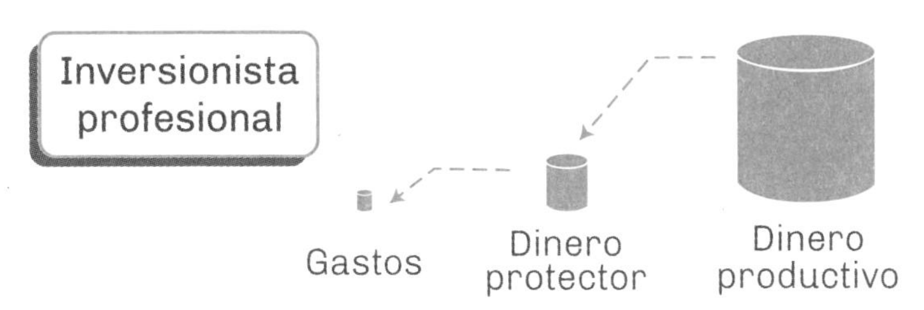

Entonces, si sigues pensando como el inversionista básico que destina solo «lo que le queda», el mínimo porcentaje, al dinero productivo, por más que te enseñe las técnicas del factor multiplicador, los mejores secretos, las mejores herramientas para multiplicar el dinero, servirá de poco. Imagino que ese no es tu caso. Si estás leyendo este libro es porque quieres aprender a multiplicar el dinero, así que déjame explicarte lo que es un sistema de activos y por qué es el camino para multiplicar tu riqueza.

El sistema de activos

Un sistema de activos está compuesto por todos los recursos que aportes a tu dinero multiplicador y que inviertas en activos. Ten claro que este sistema debe ser *totalmente* independiente de tu negocio y que te permita diversificarte, justamente para ser más resiliente. Este sistema puede llegar al punto donde genere más dinero incluso que tu negocio. Si trabajas ocho horas al día, tu dinero debe trabajar de manera intensa las veinticuatro horas.

El sistema de activos es, pues, lo que genera rendimiento. El problema es que, cuando te acercas a este mundo de las inversiones, resulta que hay cientos de opciones y todas dicen que son la mejor oportunidad para invertir. Todas dicen que te harán millonario. Es evidente que no todas dan el mismo resultado. Por ende, la clave está en cómo seleccionar los activos correctos para meter en ese sistema. A continuación te voy a simplificar mucho el mundo de las oportunidades de inversión.

Las tres cumbres del capital

Si analizo el universo de todas las cosas que se pueden hacer con el dinero, en realidad solo hay tres lugares donde el dinero trabaja; estos tres lugares son lo que llamo las tres cumbres del capital. Uso el concepto de cumbre precisamente porque implica que debes escalarlas; conforme vas escalando, vas obteniendo más dinero.

Esas cumbres son *a)* la de *marketing*-negocios, *b)* la de *real estate*, y *c)* la financiera. Hablemos de cada una.

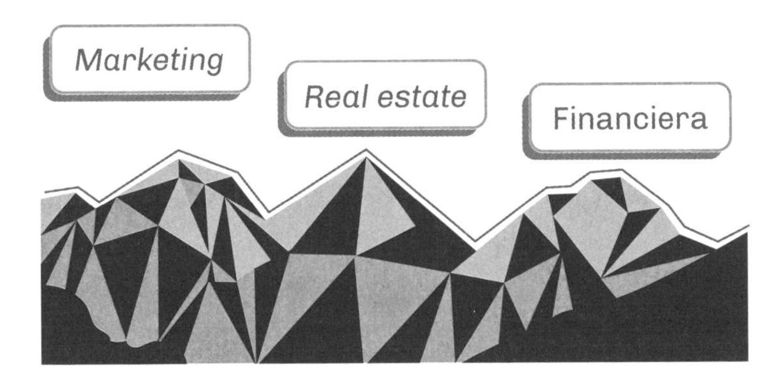

a) Cumbre de *marketing*-negocios

La primera es la cumbre del *marketing* y los negocios. Se alcanza cuando tienes la capacidad de traer dinero a tu mesa con un negocio en particular, el que tú elijas. Si sabes atraer dinero, lo que sigue es saber operarlo. Y no hablo de operarlo en tu negocio, hablo de que te inviten a poner dinero en el negocio de otros. Estamos separándolo de tu negocio, asumiendo que tienes un negocio que te dejó dinero y estás dándole ese dinero a otro negocio. Es una cumbre interesante, porque si tu negocio ya creció y funciona adecuadamente entonces tendrás la capacidad para hacer la curaduría de qué otros negocios ves con posibilidades extraordinarias. Al final es un juego de *marketing*. Por eso esta cumbre se llama *marketing*-negocios.

b) Cumbre del *real estate*

La segunda de las cumbres es el tema inmobiliario, o *real estate*, que crea a 90 % de los millonarios del planeta. La mente millonaria sabe que ahí es donde va a crecer. Se refiere a inversiones en cualquier tipo de activos inmobiliarios, desde terrenos hasta casas, pasando por locales comerciales, bodegas y cualquier otro activo de ese universo. Es una montaña muy generosa porque ofrece la posibilidad de apalancamiento. Es decir, usar los recursos de los bancos para amplificar nuestras inversiones, pues a los bancos les encanta tener propiedades como garantía. De ahí que ofrezcan (en casi todos los mercados) posibilidades para utilizar deuda en la adquisición o desarrollo de estas propiedades. Esto nos permite sumar fácilmente.

c) Cumbre financiera
La tercera cumbre es financiera *per se*. Es la cima en la que el dinero es el propio insumo para hacer más dinero. Se refiere a todos los instrumentos a los que tienes acceso por medio del sistema financiero. Incluyo todos los vehículos de deuda, fondos de cualquier tipo y también la bolsa de valores, ya que, aunque con ella inviertes en empresas, lo haces por las puertas del sistema financiero.

Los tres senderos para llegar a la cima

Una vez que conoces las tres cumbres del capital, tienes que saber escalarlas. No sé si alguna vez has subido una montaña. La primera vez que lo hice fue a los doce años. Era el Popocatépetl, un volcán cerca de Puebla. Iba con mi padre, y apenas estacionamos el auto en el lugar de partida, me bajé y empecé a correr. Mi papá me gritó mientras me alejaba: «¡No corras porque se te va a acabar el aire!», pero no le di importancia y seguí trotando. ¡A los 150 metros estaba tirado en el piso! Esto mismo pasa con las cumbres del dinero: a medida que las escalas se va poniendo más difícil. Necesitas preparación y conocer los tres senderos (activos) que te pueden llevar a la cima. Estos son: el del talento y el tiempo, el del flujo de efectivo y el de ganancia de capital. Veámoslos en detalle.

a) Talento y tiempo
Es lo que requiere un talento específico, relacionados con la primera categoría. Es importante que no los vayas a confundir con tu empresa. Recuerda que estos son activos, no están pensados dentro del contexto de tu empresa ni buscan crecer. Son activos a los que les tienes que dedicar tiempo. Por ejemplo, cuando empecé, mi primer activo fue un terreno en el cual construí una casa para venta. Por supuesto que contraté a un equipo para la ejecución de esa obra, pero tenía que involucrar algo de mi tiempo en vigilar todo el proceso. Entendía que para mí esa construcción no era una empresa, sino simplemente un activo. Y esa es la ventaja y la desventaja de esta categoría. Ventaja porque conforme conoces a profundidad más de un tema te vuelves más hábil en la creación de activos relacionados con este. Desventaja porque el tiempo es lo que a veces es más escaso en la vida.

b) Flujo de efectivo
Se da cuando compras algo y esto te trae un flujo de ingreso. Por ejemplo, las propiedades para renta. En este segundo sendero no inviertes en ningún activo salvo en los que generan flujo. Son muy interesantes porque los puedes medir de

una manera clara. Te voy a dar un ejemplo que puede parecer muy burdo, pero también es muy didáctico. Imagínate que ahora te propongo que compremos un auto para que otros lo manejen como conductores de Uber y eso todos los meses te va a dar una mensualidad. Podemos medir a la perfección el retorno de inversión proporcional a lo invertido en función de sus flujos proyectados. Esa es la ventaja de este sendero, la puedes medir. La desventaja es que, como es el más medido, este tipo de activos tienden a tener resultados menos extraordinarios.

c) Ganancia de capital

La ganancia de capital es apostarle al incremento de precio de un activo en un tiempo determinado. Si te digo «Compra lingotes de oro porque los ricos tienen oro guardado en su bóveda» y tú los compras, ¿te van a generar un flujo de capital mensual? No. Lo que estoy pensando cuando te sugiero eso es que, como los lingotes de oro son un bien escaso, lo más probable es que vayan a subir de precio en el futuro. ¿Te das cuenta de la diferencia de este sendero con el del flujo en efectivo? En el sendero de ganancia de capital no puedo medir fácilmente; invierto asumiendo, por el conocimiento que tengo, que lo que compro va a subir de precio más adelante. Estoy aspirando a que sea ganancia de capital.

Ojo, podría pensarse que esto es especulación, y la realidad es que hay activos que pueden ser especulativos para unos y ganancia de capital para otros. La diferencia está en si tienes o no el *know-how* para estimar la ganancia, pronosticar lo que va a pasar, en qué rango y más o menos en qué tiempo. Si puedes hacerlo, entonces no es especulación.

Hay gente que considera el negocio inmobiliario como especulativo, por ejemplo. No obstante, para mí no lo es, pues tengo el *know-how* que me permite descifrar cuándo un terreno o inmueble puede convertirse en ganancia de capital. Entonces deja de ser una inversión especulativa. Si adquiero un terreno o un inmueble, estoy asumiendo un riesgo, pero no estoy jugando a la ruleta rusa porque tengo un conocimiento que respalda mi decisión.

Por otra parte, en la actualidad mucha gente invierte en criptomonedas. Al inicio consideraba esto como un juego especulativo y no como un activo real. Sin embargo, lo que ha ocurrido en 2021 respecto a ese tema me ha sorprendido mucho: por nombrarte algunos sucesos, Elon Musk y Tesla invirtieron 1 500 millones de dólares en bitcoins y Microstrategy, una empresa pública de Estados Unidos, canalizó toda su tesorería hacia las criptomonedas. Eso me indica que Bitcoin y Ethereum serán muy importantes en el largo plazo. Su tecnología *blockchain* (cadena de bloques) permite un registro descentralizado digital que abrirá posibilidades que ni siquiera imaginamos y que, entre otras cosas, será la base de la construcción del internet 3.0. En mi caso, al día de hoy, en 2021, mis activos digitales son solamente 3 a 4 % de mi patrimonio neto, pero estoy seguro de que se volverán más relevantes con el tiempo. Sé que este no es un libro para hablar de esto, pero quería dejarte esta anotación para que empieces a voltear a ver ese mundo, porque será importante.

La matriz de la libertad

Ahora que conoces las tres cumbres y los tres caminos para escalarlas, veamos la matriz que componen:

	Marketing	Real estate	Financiera
Talento y tiempo			
Flujo de efectivo			
Ganancia de capital			

¿Recuerdas por qué compraste este libro? Porque querías que te revelara el secreto detrás de la mente millonaria. Pues aquí va: una mente millonaria entiende exactamente qué dinero incluir en los nueve cuadrantes de esa matriz y cómo dividirlo. Tienes tres cumbres de capital y tres senderos para llegar a ellas, es decir, nueve caminos. Sin avanzar más en el tema, sin saber más que lo que te dije, te propongo que hagas un ejercicio y pienses dónde está ubicado tu dinero productivo en esa matriz. Haz un inventario de las cosas que tienes y en cuál de los nueve cuadros se ubicarían. Si entiendes qué estás haciendo en esa matriz, ya entendiste el juego del dinero. Esa es la clave.

Ahora bien, definir exactamente en qué activos debes invertir es algo personal y temporal. Los activos ideales para cada persona son diferentes de acuerdo con sus capacidades, edad y preferencias, y además lo son según el momento económico en el que cada quien se encuentra. Por lo tanto, aléjate de aquellos asesores que te quieran ofrecer una solución estándar para definir qué hacer con tu dinero. En cambio, aprende a leer los tipos de activos que tienes y a diseñar tu estrategia financiera. En cualquier caso, tu estrategia debería lograr estar en rangos de retorno de dinero generador de riqueza. Observa la siguiente gráfica para entender a qué me refiero:

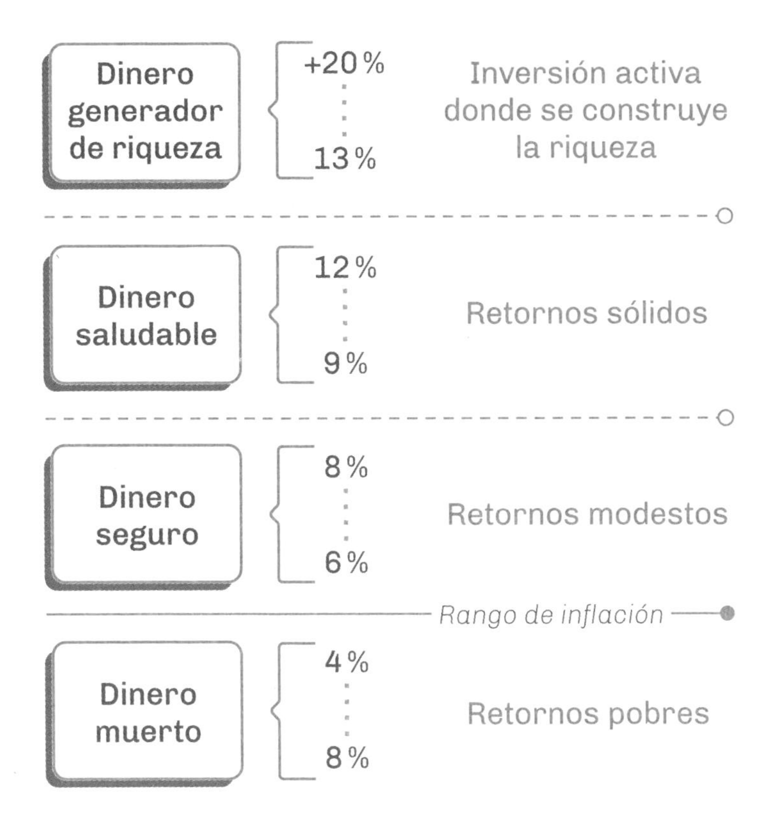

Nota: si quieres conocer más sobre este tema, no dudes en acercarte a mis redes sociales y preguntar por nuestros programas avanzados. ¡Libertad! Hemos instalado este nivel del *software* Infinitas Posibilidades en tu cerebro. En este capítulo aprendiste que

1. En realidad no buscamos riqueza, estamos persiguiendo la libertad, y el dinero es un vehículo para alcanzarla.

2. El dinero sí crece en un árbol, el árbol del dinero, el cual tiene dos tipos de ramas: las de tus negocios y las de tus ingresos pasivos.
3. Debes aprender a dividir el dinero entre los sacos del dinero para gastos, el dinero protector y el dinero productivo.
4. En el dinero productivo hay una matriz con nueve posibilidades de inversión y ahora sabes cómo usarla.

Ahora que conoces el reto, analizarás tu estrategia cada año y serás tú quien celebre los cumpleaños de libertad. ¡Bienvenido al mundo de la libertad financiera!

Notas

04

LIDERAZGO

No conozco a un solo millonario que se describa como una persona solitaria. Por el contrario, todos están al frente de grandes organizaciones y cuentan con equipos de trabajo numerosos. Por eso, el tercer nivel del *software* lleva el código para aumentar tu capacidad de integrar, empoderar, motivar y ofrecer mentoría a equipos de trabajo. En otras palabras, ser líder.

Siempre digo que **si tienes una gran ambición, debes tener un equipo igualmente grande para lograrla.** Este libro es un gran ejemplo de eso. Es posible que hasta el momento hayas pensado que todo es producto de mi genialidad, de mi sufrimiento al escribir y de noches enteras que pasé picando teclas. No. En realidad, este libro es obra de un extraordinario equipo de trabajo. En Argentina tengo un equipo de especialistas en redacción que se encarga de recuperar todas las ideas que expongo en conversaciones y conferencias grabadas en video, para dejar listas las primeras versiones de los textos. Después de leerlos y hacer una curaduría de los más importantes, los envío a mis editores personales, quienes se encargan de pulir los textos y arrojar el primer manuscrito en versión beta. Luego, el equipo de la editorial vuelve a revisar el libro y me lo manda de vuelta con sus observaciones. Cuando está listo, pasa a manos de un equipo de producción y a otro de relaciones públicas, encargado del lanzamiento. Por último, hay un equipo comercial y administrativo que se encarga de que el libro llegue a los estantes correctos y de que cobre las regalías que me corresponden.

Como ves, para que este libro haya llegado a tus manos, así como está, decenas de personas tuvieron que dedicarle tiempo. Yo solo me llevo los aplausos. *¿Por qué?*, preguntarás. Porque, aun cuando no hago todo el trabajo, soy el líder que hizo posible que este libro sucediera. Sin mi liderazgo, este libro jamás se hubiera escrito. Y así pasa con mis empresas. Mientras escribo estas páginas les doy empleo a más de quinientas personas en todas mis empresas y sus subsidiarias.

Para muchos el tema del liderazgo parece de hueva, como de esos obvios a los que no hay que dedicarles tiempo, pero créeme que es clave. **Es imposible hablar de éxito sin hablar de liderazgo** y este nivel del *software* es el que vamos a instalar en este capítulo.

Las siete características del buen líder

En el recorrido de *minion* (así les llamo a los empleados que solo saben recibir órdenes) a verdadero líder vas a requerir siete competencias puntuales que, a mi modo de ver, son la columna vertebral de todo buen liderazgo:

1. Sabe liderar un equipo, incluso si le faltan recursos
2. Contrata gigantes, no enanos
3. Identifica y fabrica líderes
4. Empodera líderes
5. Mantiene a los líderes a su lado
6. Reproduce líderes
7. Sabe autoliderarse y recibir consejo

Voy a ampliar cada una de estas competencias de liderazgo con comentarios prácticos para que de verdad las asimiles y después arranque el sistema operativo de cara a tu crecimiento financiero y personal. Ya que las líneas de código estén listas, cargaré una serie de reflexiones y referencias de tres líderes que a mí me han inspirado y que son necesarias para el funcionamiento de este nivel del *software*. Veremos entonces diez competencias + tres moralejas de grandes líderes. Con esto quedará instalado el tercer nivel de Infinitas Posibilidades.

1. Sabe liderar un equipo, incluso si le faltan recursos

Vivimos en una región (Latinoamérica) que goza de un bono demográfico y precios de mano de obra increíblemente accesibles. Esto quiere decir que hay un chingo de chavos que quieren trabajo, que no saben qué hacer con su tiempo y que están buscando a alguien que los guíe en su camino de crecimiento. Muchas veces están dispuestos a trabajar hasta sin sueldo con tal de salir adelante. Un ejemplo son los programas de prácticas profesionales. Suelo apalancarme mucho en esos programas cuando mis empresas nuevas aún no cuentan con grandes recursos para contrataciones. Te contaré una anécdota al respecto.

Un día me pidió consejo un *solopreneur* que decía no tener un centavo para contratar y se sentía atorado. Le lancé un reto: que publicara en su página de Facebook lo siguiente: «Estoy buscando jóvenes que estudien en la universidad o quieran colaborar con mi empresa en un proyecto nuevo en modalidad de prácticas. Si el proyecto avanza, podrán ofrecerse sueldos lucrativos. Sin embargo, de inicio solo damos apoyo mínimo de transporte. Si tienes algún amigo a quien le interese, que me mande mensaje, por favor». Gracias a ese mensaje lo contactaron trece chavos y dos tomaron el reto con él. Suena a poco, pero créeme que después de que rompes el cero todo es más sencillo. Con solo publicar ese mensaje, el *solopreneur* en cuestión había eliminado una barrera y también había tenido el coraje de pensar en grande, como millonario, aun cuando en ese preciso momento no tuviera los recursos que antes creía que necesitaba.

2. Contrata gigantes, no enanos

A Steve Jobs le preguntaron cientos de veces por el secreto de su éxito. Una de sus respuestas más célebres es: «Hemos recorrido distancias extraordinarias para contratar a las mejores personas del mundo». Y no es extraño. Las mentes millonarias saben que la labor más importante y estratégica a la hora de emprender es encontrar a las personas correctas para formar el equipo.

Sin embargo, después de haber recorrido el continente para asesorar a múltiples organizaciones en diferentes industrias, he notado algo paradójico: es casi nulo su interés por reclutar al mejor talento del mundo. Lo ven como una joda para la organización y, por lo tanto, buscan hacerlo lo más rápido posible. No solo eso, sino que caen en lo que llamo «el síndrome de las organizaciones enanas».

Este concepto se explica más fácil con la imagen de las matrioshkas, las famosas muñecas rusas. El asunto funciona así: cuando llega el momento de reclutar al primer miembro del equipo, el dueño piensa, de forma inconsciente: «Quiero contratar a alguien ligeramente más pendejo que yo para asegurarme de que no me quite el negocio y sea yo quien mande». Luego, cuando llega el momento de que ese primer elemento contrate a una persona más, también piensa: «Voy a contratar a alguien ligeramente más pendejo que yo, así no me quitan la chamba». Y, en un abrir y cerrar de ojos, tienes a tu empresa llena de enanos. O de pendejos.

Por el contrario, una persona inteligente y más chingona, cuando contrata a su primer empleado, piensa: «Debo contratar a alguien más brillante que yo para que me ayude a seguir con el crecimiento. Ese segundo empleado o empleada, como es brillante e inteligente, sabrá que, para seguir creciendo, es necesario alguien con más ambición, alguien mejor». Y lo contrata. Pasa el tiempo y, ¿qué crees? De repente tiene una empresa de gigantes.

Alguien con una mente millonaria es líder de gente mejor y no pierde su tiempo correteando enanos. Piensa en grande, en contratar a personas que aporten, que sean las mejores en lo que hacen o puedan llegar a serlo. Cuando contratas a gente más inteligente que tú, puedes dejar que ellos trabajen. ¿Y cómo te aseguras de que la gente que contratas sea la mejor? Sencillo, pones a competir a los candidatos.

Te explico: en el proceso de reclutamiento de mis empresas hago una gran convocatoria en redes sociales, por medio de universidades y bolsas de trabajo. Hago este proceso dos veces por año. De esa convocatoria, la última vez nos llegaron más de cinco mil currículos. De esos, invitamos a sesenta a una capacitación presencial de quince días —en las que no hay retribución, pero tampoco cobro—. De los asistentes a la capacitación, les ofrecemos acceso al programa de *trainees* a treinta. Todos se incorporaron a proyectos diversos en la organización y pasan de seis meses a un año en un proceso de aprendizaje. Si un líder los elige, podrán convertirse en empleados de mis empresas. Por lo general, dos o tres llegan hasta este punto. Otras empresas agarran a cualquier persona de una terna de candidatos. Nosotros, en cambio, nos quedamos con 0.06 % de una convocatoria enorme; seleccionamos a lo mejor de lo mejor. Ahí está el secreto.

3. Identifica y fabrica líderes

No me interesa cuál sea tu empresa, si es una organización sin fines de lucro o un equipo de futbol: **los grandes proyectos se hacen con líderes, no con *minions* que siguen órdenes y a quienes les falta iniciativa y decisión.** Estos individuos, en lugar de aportarle energía al sistema, le restan.

Muchos dueños de negocios, desde los más pequeños hasta de empresas multinacionales, creen que el trabajo de armar equipos termina cuando firmas al último integrante. Nada más alejado de la realidad. No termina ahí la responsabilidad, al contrario, es entonces cuando comienza el proceso de desarrollo. ¿Qué chingados significa eso? Significa que es necesario convertir en líderes a los miembros de tu equipo. Créeme que los líderes no existen ya hechos a la medida para tu empresa. Debes convertirte en una fábrica de líderes.

¿Y qué es eso? En mi caso, es un proceso mediante el cual damos mentoría personal y contenido a aquellos colaboradores que destaquen, y los vamos convirtiendo poco a poco en miembros de esa raza diferente que constituyen los líderes. No podemos incluir a todos en la fábrica porque es imposible contar con los recursos y el tiempo para ello. Por lo tanto, escogemos a los mejores de los mejores. ¿Y cómo saber quiénes son esos?

Alguien con madera de líder...

1. **Ama los resultados.** No se queja de las metas, las persigue a muerte.
2. **Tiene hambre.** Siempre quiere ir al siguiente reto.
3. **Tolera la incertidumbre.** Puede arrancar proyectos nuevos aunque no haya nada definido.

4. **Es impaciente.** Le urgen los resultados.
5. **Es contagioso.** Transforma a la gente a su alrededor.

Cuando identifico a alguien con esas cinco cualidades, inicio el proceso de la fábrica de líderes. A estos candidatos les damos contenido específico para estudiar y entran a un programa de mentoría y *coaching* con los líderes de la organización. Ahora, cuando no haya líderes (porque eres el único) deberás llevar el programa tú solo. En 2019 salí de 4S Real Estate, mi primera empresa, y arranqué un nuevo proyecto. Cuando fundé Instituto 11 llevé este proceso yo mismo para desarrollar a mis primeros cuatro líderes. Cuando ellos se empoderaron, continuaron con el proceso.

Ahora bien, el proceso de mentorías no es tan complicado. El trabajo de quien crea a otros líderes, el *sponsor*, consiste en dedicarles tiempo de mentoría cada semana. Pero ojo con la palabra *mentoría*. No es hacer una junta para dar órdenes, sino para escucharlos y tener conversaciones abiertas y constantes sobre todas las áreas de la vida. Son conversaciones que permiten cambiar el *mindset* de la gente. Estas reuniones, que llamo «mesa de líderes», cubren este espectro de temas:

Este proceso de mentoría se convierte en la preparación, en la fabricación de los líderes que a su vez harán lo mismo con los que vienen. Es una cadena de producción infinita de líderes que van a jalar a la empresa siempre hacia adelante y hasta alturas insospechadas porque, piénsalo así, si cada líder fabrica a uno más chingón que el anterior, ¿cuál será el techo de tu compañía?

4. Empodera líderes

Un lunes, hace varios años, llegué a la oficina muy crudo porque el domingo anterior había ido a una boda. No recuerdo quién ni por qué chingados alguien había decidido casarse en domingo. Era media mañana y el sol le pegaba duro a uno de los costados del edificio, que además se colaba por los ventanales enormes de cada oficina. Medio encandilado por el sol y desvelado, llegué a la puerta de mi oficina, que siempre dejaba abierta, sin haber anticipado lo que vería adentro: tres cabrones sentados frente a mi escritorio, con sus laptops y vasos de café. Por mi estado, asumí que era un error mío y di dos pasos atrás para ver si mi nombre era el que estaba impreso en la puerta. Sí, era mi oficina.

—¿Qué onda? ¿Qué hacen en mi oficina? —les pregunté, más confundido que enojado. En los dos segundos que tardaron en contestarme, le eché un ojo a mis cosas, a las fotos y los libros, para ver si de verdad era mi oficina. A final de cuentas, el crudo era yo—. ¿Quién los mandó a mi oficina?

—¿No te llegó el correo de RH? —me preguntó uno de ellos.

—No sé, ¿quién chingados lee los correos de RH?

—Pues deberías leer al menos el último —me dijo el segundo.

No le respondí. Me di la media vuelta y fui directo al escritorio de la directora de Recursos Humanos para pedirle que me enseñara el correo del que hablaban los chavos de la oficina. En el correo se incluía un análisis de costos que había hecho uno de los líderes de unidad de negocio, el cual mostraba los números de un proyecto en el que se probaba una nueva idea de negocio. El proyecto había funcionado y comenzó a generar ingresos para la compañía. Como resultado de eso, se necesitaba más gente, más manos, para seguir con el crecimiento. El líder conformó a un equipo para seguir con la idea y también echó números para ver cuánto costaría rentar más espacio de oficinas para su equipo. Lo sorprendente fue que uno de los segmentos del estudio estaba dedicado al tiempo que yo pasaba en mi oficina. Se determinó que, en los últimos tres meses, había pasado ocho horas ahí cada mes. La conclusión fue que, como nunca estaba en la oficina, lo mejor y más eficiente sería usarla para el proyecto. Mientras leía el correo, me empecé a encabronar. Sentí mareos. No pude articular un pensamiento en ese momento.

Debía calmarme para no decir alguna imprudencia, así que me fui a caminar unos minutos y después acudí a una serie de juntas. Varias horas después entendí todo: el hecho de haber perdido mi oficina era quizá lo más importante que me había pasado en quince años de emprendimiento. ¡Por fin estaba sucediendo! La organización se movía sin mí. Tenía otras necesidades y se adecuaba a ellas sin mi autorización.

Muy pocas compañías pueden echar al dueño de su oficina, y todavía menos lo hacen a sabiendas de que el dueño va a respetar la decisión, porque es lo mejor para la empresa. Es lo que llamo empoderar a los líderes. Hacer eso significa liberarlos. Este proceso, para mí, termina consolidándose cuando le entrego a uno de ellos o de ellas una unidad de negocio. En ese momento firma la proyección que debe buscar y, a partir de ahí, es el «dueño del balón». Ese líder toma la iniciativa y las decisiones sin mí. Nos liberamos mutuamente. **Si no puedes liberar a tus líderes, no estás haciendo bien tu trabajo.**

Tengo otra historia que sirve de ejemplo y como evidencia. Un día mi socio Nacho, quien era el director de operaciones en 4S, me dijo:

—Ya quiero dar el siguiente paso.

—Nacho, no hay siguiente paso, solo queda mi puesto de director general —le dije, sin darle mucha importancia.

—Sí, ese es el que quiero —me dijo con frialdad.

Primero me encabroné, así como me pasó con los chavos en mi oficina, o quizá más, pero después caí en cuenta de que esto era todavía mejor. El hecho de que Nacho diera ese paso me daba la oportunidad de recuperar mi tiempo por completo. Hoy sigo como dueño de 4S y soy parte del consejo, pero la empresa funciona 100 % gracias a su equipo de liderazgo.

Que te quede claro: el hecho de empoderar líderes nunca te va a quitar a ti nada, sino todo lo contrario, te va a dar libertad, tiempo e incluso dinero.

5. Mantiene a los líderes a su lado

Las empresas en crecimiento sufren un problema grave: la fuga del mejor talento. Esto se debe a que el talento se siente topado. A diferencia de las empresas grandes, donde un empleado ve cuatro o cinco escalones hacia delante, en una empresa en crecimiento quizá solo quede el puesto del dueño. Y si el siguiente escalón hacia arriba es ese, ¿a qué pueden aspirar? Ni modo que se haga a un lado el dueño y deje la empresa, ¿no? Pues, aunque no lo creas, esa es la respuesta.

En mi experiencia con el crecimiento de empresas he visto que resulta mejor unir a los empleados más talentosos con la empresa en lugar de dejarlos ir, es decir, volverlos «socios». Esta idea de crear «socios de crecimiento» es una de las recetas secretas en que baso mi éxito y que te quiero compartir: **yo no contrato empleados, contrato socios potenciales.** Hace tiempo hice mucho ruido en redes y medios cuando promoví la idea de que yo no firmaba a gente que tendría a mi mando y manipularía para hacerme tareas indeseables o de hueva, sino a personas que pudieran convertirse en mis socios.

Si lo que buscas es operar o gestionar un negocio pendejo, un autoempleo con ganancia suficiente para mantenerte estancado y contento, tendrías que haber detenido la instalación del *software* en el primer nivel. Pero no lo hiciste. La mente millonaria, la que piensa en grande, no busca subordinados sino aliados, y precisamente a eso me refiero cuando hablo de socios. Si quieres saber cuál es mi esquema para lograrlo, consúltalo en mis otros libros.

6. Reproduce líderes

La labor de crear líderes es difícil y lenta. Por lo tanto, necesitas involucrar a tu equipo en ese proceso. Cuando un líder recién empoderado cumple un año dando los resultados que esperas, entonces puede ser un *sponsor*. Nosotros le llamamos así al líder que está en condiciones de poder crear a otro líder, al que ya entendió el recorrido y lo conquistó. En la medida en que tu organización se vaya agrandando, estos *sponsors* llevan tu visión de liderazgo a todos los equipos del proyecto. Es entonces cuando se crea el concepto de «conciencia compartida», una condición en la que todos los miembros de una empresa piensan de forma muy similar aun sin hablar entre ellos. Para llegar adonde se quiere, de ninguna manera hace falta un gran aparato coercitivo de jefes dándoles latigazos a sus *minions*. La «conciencia compartida» es la base para mover, de manera ágil, a grandes organizaciones en una dirección determinada.

7. Sabe autoliderarse y recibir consejos

La última línea de código es saber liderarte a ti mismo. Lider-arte. Me encanta que el vocablo *arte* forme parte de la palabra, porque aprender a liderarnos a nosotros mismos es justamente eso: el arte más difícil de todos. Es lo que nos permite exigirnos a nosotros mismos e impulsarnos al crecimiento.

Si sabés liderarte, será mucho más sencillo hacerlo con tu equipo. El problema es que mucha gente no sabe cómo hacerlo y le deja el rumbo de su vida al destino. ¡Al pinche destino! Cuando no nos conocemos a nosotros mismos y no sabemos por qué hacemos lo que hacemos, vamos por la vida como una veleta, nos movemos por motivaciones ajenas o impulsos que provienen de nuestro subconsciente. Si no somos capaces de traer a la superficie lo que está enterrado en lo más profundo de nuestro cerebro, jamás entenderemos por qué nos metemos en los mismos problemas una y otra vez. Creeremos que es algo aleatorio que no depende de nosotros; diremos que es «el destino». Como si hubiera algo afuera de nosotros que nos dijera «siempre vas a fracasar» o «siempre te vas a asociar o te van a "tocar" socios pendejos». El día que te des cuenta de que eres tú el responsable de tu realidad, te olvidarás de la idea del destino y dominarás y dirigirás tu vida. Entonces sabrás liderarte.

Además te sugiero que incluyas la retroalimentación y el consejo de mentores y *coaches* con los que puedas hablar de tus proyectos y tu futuro. Estas personas deben tener tu entera confianza y admiración, deben ser *accountables*. Piénsalo: ¿tú como dueño, como líder de líderes, a quién le entregarás resultados? Tú, al igual que el resto de los líderes, le debe reportar a tu consejo estratégico y debes estar abierto a recibir su consejo. Nunca te olvides de eso.

Los cuatro puntos cardinales del autoliderazgo

1. **Control de los estímulos externos.** Los medios de comunicación masiva, la sociedad y las redes sociales nos bombardean todos los días, en todo momento, y pretenden decirnos hacia dónde tenemos que ir. Por esa razón debes desarrollar la capacidad para controlar y modular esos estímulos, de modo que seas tú quien tome las decisiones y dicte el rumbo de tu vida.

2. **Criterio de asociación selectiva.** Es necesario que aprendas y sepas con quién relacionarte, porque las personas que te rodean se conectan de forma directa a tu sistema operativo y pueden, en cualquier momento, pasarte el virus si aún no has instalado el *software* nuevo. Rodéate de gente que te ayude a alcanzar tus objetivos.
3. **Aprendizaje constante.** El conocimiento es un terreno infinito. Que tengas un diploma de universidad

no significa que hayas conquistado un tema o una materia. Mucha gente para su máquina de aprendizaje cuando recibe cualquier tipo de aval impreso, sin darse cuenta de que el conocimiento hay que buscarlo todos los días. Debes decidir cuál será la manera en que aprendas y activar incansablemente lo que llamo el gen del aprendizaje infinito.

4. **Control de la vida propia.** Para llegar a este punto es necesario un nivel de autoconocimiento radical, producto de los tres comandos anteriores. Es entonces cuando comienza el crecimiento de verdad. Resulta complicado seguir este comando porque aprender a liderarte es la parte más difícil de ser líder.

Tres grandes lecciones de liderazgo

Lección 1

Lo que aprendí de Thomas Alva Edison

UN LÍDER
ES UN
TORRENTE
DE IDEAS E
INNOVACIÓN.

Como sabes, Thomas Alva Edison fue uno de los inventores más prolíficos y reconocidos de la era moderna. Una rápida búsqueda en Wikipedia te dirá que registró 1 902 patentes, más que cualquier otro inventor en la historia. Edison fue uno de los primeros inventores en valerse de la ciencia como organización, o como red de organizaciones, y de la investigación colaborativa para sus inventos. De hecho, solía trabajar en conjunto con otros inventores e investigadores, además de colaborar con sus empleados. Incluso fundó el primer laboratorio de investigación industrial. De seguro lo conoces por su contribución a la generación de electricidad y la invención del foco, lo cual habría sido suficiente para que pasara a la historia. Pero él no paró ahí. Continuó experimentando, equivocándose a veces, muchas veces, siempre buscando inventar nuevas cosas.

Como los grandes inventores, los multimillonarios-emprendedores no suelen amasar su fortuna con una sola idea de negocio y tampoco suelen tener éxito a la primera. Quítate esa idea pendeja de la cabeza, por favor. Bill Gates y Steve Jobs —ejemplos archiconocidos— ganaron tantos millones de dólares a partir de una variedad de productos y servicios tecnológicos que llegaban a muchos segmentos de mercado: por ejemplo, *software*, computadoras, telecomunicación, tecnología de internet, aplicaciones, entre otros. Jeff Bezos, creador de Amazon, se hizo el hombre más rico del mundo no porque hubiera diseñado un sitio para vender libros, sino porque creó una infraestructura en la que juntó a miles de vendedores de casi cualquier producto que puedas imaginar en un solo espacio virtual. Con todo y eso, Amazon genera casi todo su dinero con unidades de negocio diferentes al sitio que conoces.

La lección que hay en esto para ti es: **hoy más que nunca, tu éxito como emprendedor y, por lo tanto, financiero depende de tu capacidad de innovación, colaboración y adaptación.** Las nuevas compañías, sin importar su tamaño, deben pensar en grande, como conglomerado. Eso hice yo cuando implementé el modelo neuronal en mis negocios, el cual consistía en conectar varios centros de ingresos, cuyos márgenes, por pequeños que fueran, me permitieran sumar y agrandar la compañía.

Si entiendes que, más que un empresario, eres un inventor que colabora con otros, como Edison, y si ya te quedó claro que el único camino para emprender es experimentar, de ahora en adelante verás a tu organización como una incubadora o aceleradora de negocios, más que como una compañía jerárquica y tradicional. Recuérdalo: tu organización SIEMPRE debe estar generando ideas de negocio. Es más fácil armar una compañía y expandirla si cuentas con una cartera de negocios interconectados que encadenen sus ganancias que con una sola idea a la que le apuestes y le inviertas toda tu energía y lana.

Lección 2

Lo que aprendí de Napoléon Bonaparte

UN LÍDER TIENE UN ESPÍRITU DE CONQUISTA; PIENSA SIEMPRE MÁS ALLÁ DE SUS DOS CUADRAS.

El nombre de Napoleón Bonaparte es sinónimo de conquista. Ese espíritu de expansión es el mismo que debe tener el líder de una organización: debe querer expandirse a otros territorios, conquistar. Cuando les explico esto a otros emprendedores suelo encontrarme con mucha resistencia, porque nuestro cerebro funciona siempre a escala local, con una mentalidad de dos cuadras y, por lo tanto, la idea de crecer y llegar a todo el mundo suena demasiado complicada o poco realista, sobre todo si se trata de una empresa nueva.

Yo pensaba así, como tú ahora. Pensaba en chiquito. Sin embargo, por ahí de 2011 eso cambió. En mi empresa estábamos pasándola mal (la había cagado en unas inversiones que hice fuera de la compañía) y nos dimos cuenta de que el dinero que producíamos en México no era suficiente para sacarnos del hoyo. Entonces me dediqué a viajar un chingo, primero a varios países de Centroamérica, para buscar otros mercados y otras fuentes de ingreso.

Fue muy fácil, ahora que lo veo en retrospectiva. Conforme iba hallando la estrategia napoleónica de crecimiento geográfico sin capital, me di cuenta de que muy pocas empresas logran dicho crecimiento.

Para expandir una empresa hay que sumar: negocios, experimentos y, por supuesto, dinero. ¿Te queda claro?

Lección 3

Lo que aprendí de Elon Musk

UN LÍDER
LE APUNTA
SIEMPRE A
LA LUNA.

Elon Musk es el ejemplo por antonomasia de los llamados *moonshooters* (literalmente, aquellos que le disparan a la Luna). En la actualidad se usa ese nombre para referirse a esos empresarios e inventores que eligen un problema enorme y extraordinario, y proponen una solución radical valiéndose de alguna tecnología disruptiva. Las soluciones a estos problemas, según el *moonshot thinking*, buscan tener un impacto de 10x, y no el típico 10 % de mejora que otras proponen. No hay algo que defina mejor el tipo de pensamiento detrás de una mente millonaria.

Musk tiene una capacidad extraordinaria para convencernos de visiones enormes y después hacerlas realidad. Dice que seremos seres interplanetarios, que nos transportaremos todos los días utilizando solo energías limpias. El valor de sus propuestas radica en que, durante el desarrollo o realización de estas, va creando grandes empresas que desafían el orden de las cosas. Y si no me crees, recuerda cómo le dio en la madre a los bancos en todo el mundo con PayPal. ¿Quién había pensado en cambiar la forma de mover el dinero y retar a los bancos?

No quiero decirte que Elon Musk empezó desde abajo, porque sería mentira. Tampoco que dejó la escuela en la preparatoria, porque llegó a hacer un doctorado en Stanford, el cual, por cierto, no terminó. Lo que admiro de él es que, en su nivel, entre la gente, digamos, parecida a él y que en teoría ya piensa un poco más allá del promedio, sobresalió. Llegó a pensar en propuestas que parecían y nos siguen pareciendo absurdas, pero en las que de alguna forma creemos porque él nos ha demostrado, una y otra vez, que lo increíble se puede volver realidad. Musk es un ejemplo de que no importa qué tan alto hayas llegado o qué tanto hayas conseguido, siempre puedes —y debes— seguir apuntándole a la Luna.

05

LEGADO

Hace unos meses me topé en internet con un título llamativo: *El ensayo más corto de la historia sobre cómo convertirte en millonario.* Como en ese entonces me hallaba en el proceso de investigación para escribir este libro, decidí echarle un ojo. El ensayo se componía de dos palabras en inglés:

IMPACT MILLIONS
(impacta a millones)

Lo vi como una manera sencilla pero poderosa de explicar este último nivel del *software* Infinitas Posibilidades que estamos instalando para cambiar tu vida. Cuando descargamos el nivel Libertad, te hablé de la importancia de alcanzar la inmortalidad en términos financieros. En este nivel, en cambio, necesito que te conectes con tu mortalidad. Es decir, para instalar el nivel Legado debes hacerle frente a la idea de que algún día dejarás de existir. A pocos les toca enfrentarse a su mortalidad antes de tiempo, pero cuando les pasa se convierte en un evento que altera su visión del mundo.

Mira nada más lo que le pasó a Alfred Nobel. El personaje que conoces por fundar el premio más reconocido del planeta, antes de hacerlo, no era propiamente el ser más altruista. Verás, él era un ingeniero que dedicó toda su vida al desarrollo de explosivos. De hecho, fue dueño de más de trescientas patentes de explosivos y, en el proceso, inventó la dinamita, un producto, como ya sabes, de enorme éxito comercial en la minería y el ámbito militar.

En 1888 Ludwig, su hermano, falleció en Francia. Cuando le notificaron de su muerte para que se trasladara y atendiera aquella situación, Alfred, que en ese momento estaba de viaje por motivos de trabajo, tardó varios días en llegar al funeral. Para su sorpresa, cuando llegó a Francia se dio cuenta de que la prensa francesa se había equivocado y había creído que el que había muerto no era Ludwig, sino Alfred. Habían publicado un obituario que decía: *Muere el mercader de la muerte*.

Alfred lo leyó y no podía entender por qué el mundo lo juzgaba de esa manera si, a su modo de ver, él había sido mucho más que eso: había sido un gran ingeniero y un inventor prolífico. Pero la prensa, tras su supuesta muerte, solo resaltaba el uso destructivo de uno de sus inventos. No lo podía creer. Sin embargo, gracias a ese golpe de realidad, decidió cambiar radicalmente su vida. Decidió dejar su fortuna —que hoy estaría valuada en unos 300 millones de dólares— para la creación de los Premios Nobel. Su familia apeló esa decisión y la llevó a la corte, pero afortunadamente para el mundo se respetó su voluntad. Hoy todo el planeta asocia el apellido Nobel con el reconocimiento a las personas que demuestran ser excelentes en diferentes ámbitos. Alfred logró su cometido: cambió de forma drástica el recuerdo que el mundo y los libros de historia tendrían de él. Y es que **eso hacen las mentes millonarias: deciden conscientemente cuál será su legado.**

Si murieras hoy, ¿qué crees que diría tu obituario? Escríbelo a continuación. Y, ojo, no te me pongas romántico ni idealices tu vida. Tampoco escribas lo que diría tu familia de ti. Dime la realidad: si hoy te despidieras de este mundo, ¿cómo crees que el planeta te recordaría?

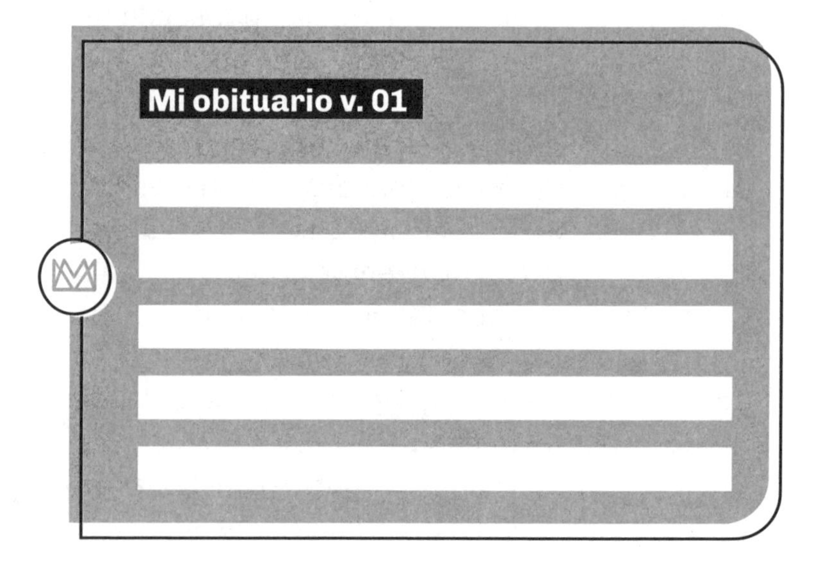

Estas líneas son extremadamente difíciles de escribir para la mayor parte de las personas a las que les pido que hagan este ejercicio. Muchas se dan cuenta de que, a pesar de todo su esfuerzo y sus logros económicos, no están dejando un legado que sobreviva después de su muerte. Otros escriben unas líneas que probablemente redactaría su familia con memorias maravillosas, pero nada más. No tengo nada en contra de que seas recordado por tus seres queridos. Sin embargo, creo que, si estás leyendo este libro, es porque no te conformas con eso; tú quieres trascender, tienes aspiraciones más grandes que el común de la gente y buscas que lo que haces cambie la vida de muchas más personas que las que están en tu círculo íntimo. Así piensa una mente millonaria.

Ahora, antes de explicarte mi forma de ver el proceso de pensar en tu legado, quiero dejarte un espacio para escribir una primera versión del nuevo obituario. Piensa en que acabas de enfrentarte a tu propia muerte, así como lo hizo Alfred Nobel, y que tienes la oportunidad de reescribir la manera en que el mundo te recordará. ¿Qué diría ese nuevo obituario?

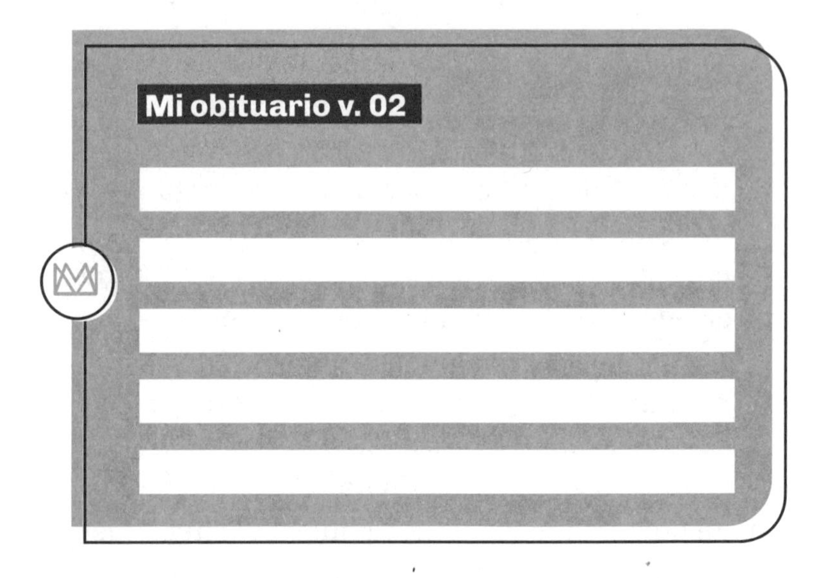

Los millonarios no son, pues, quienes acumulan millones de dólares en el banco, sino quienes trascienden y logran impactar a millones de personas. ¡Millones! La cantidad asusta, por supuesto. ¿Crees que lograrás impactar un millón de vidas en tu recorrido de vida? Para mí, la evidencia más poderosa de cuánto influyó una persona en la vida de los demás es su funeral. Recuerdo mucho el de mi abuelo Helio, quien nos dejó después de un paro cardiaco el 2 de octubre de 1998. El día de su sepelio había mucha gente que nunca había visto en mi vida. Eran personas a las que mi abuelo había ayudado de alguna forma, aunque no fueran parte de su círculo cercano. Fue una escena impresionante; muchas se acercaban a platicar con mis papás y a recordar alguna anécdota con él. Todos estaban ahí para celebrar su vida y reconocer su legado.

Varios años después del funeral de mi abuelo, cuando reflexionaba sobre el tema de la muerte y el legado de una persona, decidí averiguar sobre los funerales con mayor asistencia en México. Parece increíble, pero puedes encontrar esa información en internet. Encontré que los funerales más concurridos han sido de gente relacionada con el mundo del espectáculo y rondaban los millares de asistentes. El sepelio de Roberto Gómez Bolaños, Chespirito, por ejemplo, se celebró en el Estadio Azteca, aunque no se llenó. Pensé que si un personaje tan grande, de un alcance descomunal, no llegó a convocar a millones tras su muerte, está claro que el reto de impactar a un millón de personas es uno muy grande. Es, justamente, el reto del nivel Legado.

Cuando te conectas con tu mortalidad y, en consecuencia, con la idea del legado, se enciende un fuego «diferente» dentro de ti. No se parece al fuego que normalmente experimentas. Empieza a fluir una energía que te vuelve más poderoso; la misma que te vuelve inmune ante la crítica y te permite trabajar más horas de las que quizá deberías. Para darte un ejemplo: estoy escribiendo estas líneas a las 23:42 de la noche en un domingo de diciembre. Y no me quejo. Por el contrario, me siento feliz de estar frente al teclado, porque estoy seguro de que este libro va a detonar una transformación poderosa en la vida de alguien y, gracias a eso, ese alguien estará presente el día de mi funeral con un dólar en la mano.

Es más, quiero aprovechar este momento de reflexión para decirte lo siguiente: si algún video, conferencia o libro mío te ha ayudado en tu vida y la ha hecho mejor en cualquier sentido, tienes una gran deuda conmigo. Y pienso cobrarla. Esa deuda es de un dólar y se paga en efectivo, en persona, el día de mi funeral. Te pido por favor que le entregues ese dólar a mis hijos. Con eso, ellos aprenderán la lección más importante de su vida: entenderán que **los verdaderos millonarios logran impactar, como mínimo, a un millón de personas.**

Si tú eres ese «alguien», si crees que este libro te ha transformado de alguna manera, sígueme el juego y comparte una foto del pagaré que pongo a continuación en redes sociales, etiquetándome y con el *hashtag* #yovoyalfuneraldelmastermunoz. Así sabré que acabas de leer esta página y que voy por buen camino en mi propósito de impactar a un millón de personas.

No. 0001 Vale por $1.00 USD

PAGARÉ

Yo, ______________________, debo

a Carlos Master Muñoz USD $1.00 por concepto de

____

pagadero a sus hijos el día de su funeral.

____

Firma

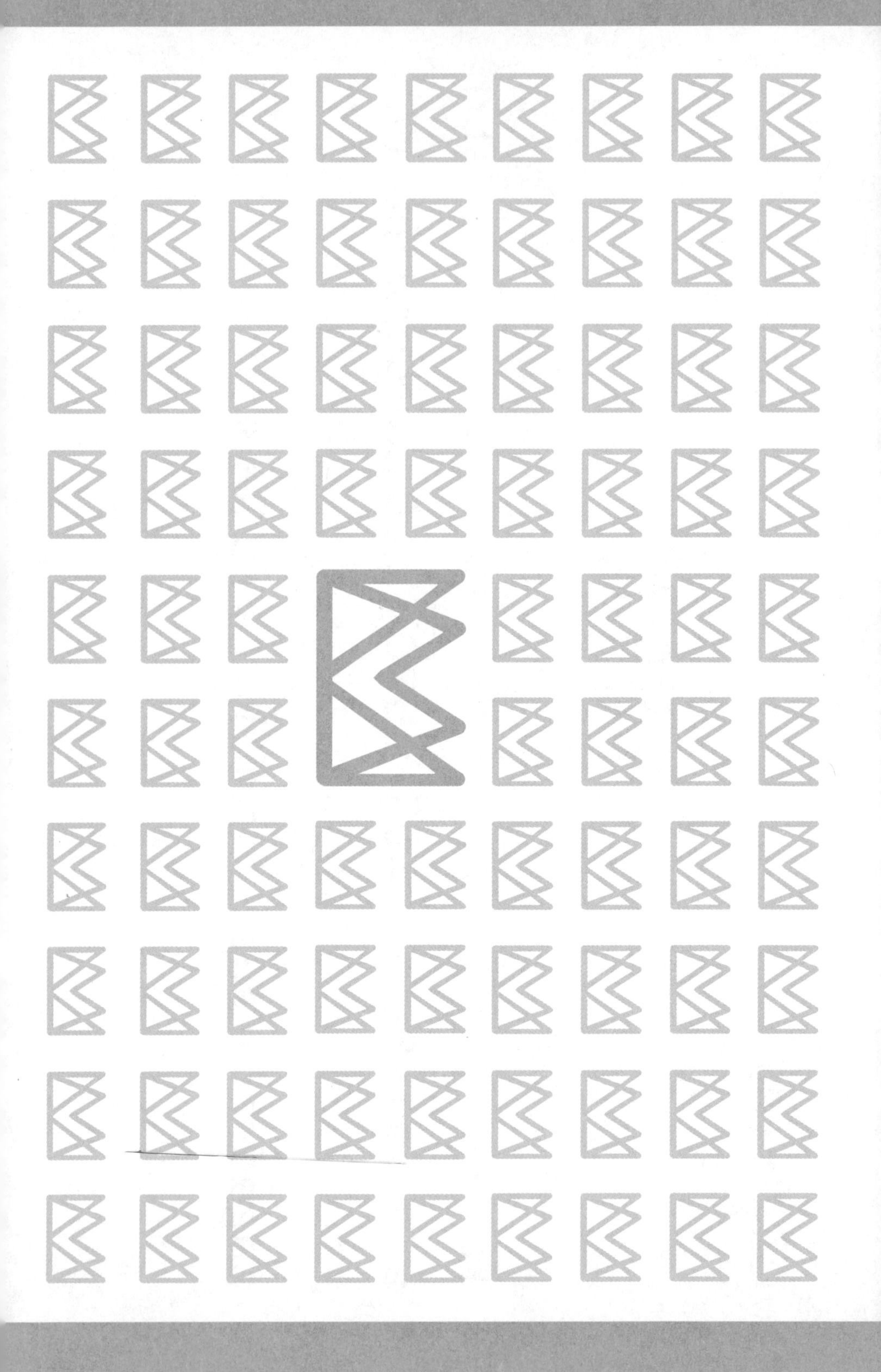

La ecuación del legado

Volviendo a lo que nos compete en este capítulo, pasemos a instalar los códigos del nivel Legado. Lo primero es entender esta simple ecuación:

> legado = propósito masivo × retos concretos × S3

Para que después de tu fallecimiento te hagan un obituario como el segundo que escribiste líneas atrás debes: 1) conectar con un propósito masivo, 2) ponerte retos concretos y actualizarlos de forma constante, y 3) medir el progreso asociado con esos retos. Ese es el único camino al legado.

Veamos estas tres partes en detalle.

1. Propósito masivo

La palabra *propósito* es quizá el mayor cliché de la literatura motivacional enfocada a negocios en los últimos años. Cualquier libro de planeación, seminario o conferencia habla de este tema. De hecho, me bloqueé durante varios días cuando quería escribir sobre este punto porque me daba hueva hablar de *propósito*. Siendo crudo y honesto, cuando veo temas demasiado obvios en un libro, lo abandono. Pero no quiero que abandones el libro aquí, en esta página, cuando estamos tan cerca de despedirnos. Por eso, aquí no vamos a hablar de la importancia y el valor de contar con un propósito a la hora de emprender y hacer exitosos tus emprendimientos. Asumo que eso ya lo tienes claro y, si no, puedes irte a cualquiera de esos otros libros que menciono para entenderlo. Aquí simplemente te voy a resumir los puntos más importantes para mí respecto a ese tema:

a) El propósito se construye
b) El propósito debe ser masivo

Veamos cada uno de ellos.

a) El propósito se construye

En la escena inicial de *Matrix* vemos a Thomas Anderson, un programador de sistemas, trabajando en su computadora. De repente le aparece en la pantalla un mensaje que dice: «Despierta, Neo» (Neo es su alias en el mundo virtual). A partir de ese momento empieza para él una aventura que ya conoces de sobra. El punto es que todo el argumento de la película se esboza alrededor de la idea de que él es «el elegido» para salvar a la raza humana. Hollywood nos ha vendido este tipo de historias cientos, miles de veces. Y no solo Hollywood: también la literatura, la mitología y, en general, todas las religiones. «El viaje del héroe» es una premisa casi tan antigua como la oralidad misma y por eso no es extraño que, de una manera u otra, todos esperemos en un momento ser «el elegido», descubrir nuestra misión, ser reconocidos como los protagonistas de una película igual de taquillera que *Matrix*. Pero, con tu permiso, voy a reventarte ese globo ahora mismo: eso no sucede. No existe tal cosa como alguien a quien, un día, mientras lleva su vida anodina de cubículo, le es revelada su misión en el mundo. **Aclaremos esto de una buena vez: el propósito no *aparece*, *se construye*.** Lee esta frase varias veces hasta que te cale el cerebro. Una mente millonaria se encarga de construir su propósito. Es decir, se encarga de encontrar el rumbo y poco a poco lo va afinando. Puede estar relacionado con el propósito de alguno de sus emprendimientos, pero no necesariamente. Y, además, puede cambiar varias veces en el transcurso de una vida; no tiene por qué ser el mismo siempre.

Mi propósito actual, por ejemplo, es potenciar a un millón de emprendedores, como lo dije antes. Ese es mi *one-liner*. Pero, por supuesto, va más allá. El objetivo maestro que me he impuesto, y por el que trabajo todos los días, es el de animar cada vez a más locos a que decidan cambiar su existencia y vivir la libertad del emprendedor.

Quiero que un millón de emprendedores crezcan y exploten, que descubran su potencial. Insisto: quiero que todos ellos —tú incluido— estén presentes el día de mi funeral. Hay algo en esa frase, *impact millions*, que sigue resonando en mi cabeza.

b) El propósito debe ser masivo

Nota que no he escrito *propósito* solamente. He dicho *propósito masivo*. Cuando tu objetivo es enorme, al punto de que parece ficción o inalcanzable, te engancha y, por arte de magia, a los demás (si esto no te queda claro, regrésate al nivel Locura o vuelve a leer las lecciones del nivel Liderazgo). Una mente millonaria que ya opera 100 % con el nivel Legado entiende que este propósito debe ser único y digno de escribirse en los libros de historia. Así de legendario debe ser, por mucho que abrume.

Mira nada más a Elon Musk: él se ha planteado propósitos tan disparatados como el de convertir a la especie humana en una multiplanetaria. Si haces una búsqueda rápida en Google y vas a la página de Wikipedia en inglés de su programa SpaceX Mars, verás que del lado derecho, en la ficha técnica, aparece su propósito *Colonization of Mars*. Es decir, la colonización de Marte. Está escrito incluso con esa palabra: *purpose*. Si sigues de cerca las hazañas de la

NASA sabrás que hasta ahora solo hemos logrado poner un vehículo en Marte, el cual ha recolectado diferentes tipos de datos sobre su superficie y atmósfera, pero ningún ser humano ha estado, de hecho, en el planeta rojo. Aunque este objetivo ha sido un tema central en obras de ciencia ficción, primero, y de los gobiernos más poderosos del mundo, después, lo cierto es que el objetivo se antoja todavía lejano.

Sabiendo eso, ¿no es una tremenda locura que un emprendedor se imagine siquiera lograr eso que los gobiernos en conjunto todavía no han conseguido? Digo, por mucho que sea una de las personas más ricas del mundo, igual suena a locura. Y eso es precisamente lo que debe motivarte a dejar un legado. No te pido que llegues a Júpiter, pero sí que pienses con una mente millonaria.

2. Retos concretos (el plan maestro)

La segunda parte de la ecuación del legado tiene que ver con el plan que te trazas para llegar allá. De nada sirve tener un propósito masivo si no te pones retos concretos para cumplirlo. Te pido que pienses en grande, sí, que le apuntes a llegar a la Luna, pero tampoco se trata de soñar a lo pendejo. Sigamos con el caso de Elon Musk por un momento.

En el «Plan maestro secreto» para la creación del automóvil Tesla, el cual se publicó en 2006, Musk detallaba lo siguiente:

En términos generales, mi plan maestro se compone de cuatro puntos:

1. Diseñar un auto deportivo
2. Usar el dinero de sus ventas para diseñar un auto accesible para más gente
3. Usar luego el dinero obtenido para diseñar un auto todavía más accesible
4. Mientras hago todo lo anterior, desarrollar alternativas de energía eléctrica con cero emisiones

No se lo digan a nadie.

Su propósito con Tesla era acelerar la transición a un transporte sustentable, aunque el primer paso fuera lanzarse a crear un auto superdeportivo. Muchas personas lo criticaron por eso al inicio; no tenían la visión que Musk había construido en su mente, los retos que iría superando hasta llegar al fin último. Porque una cosa es clara:

la mente millonaria es capaz de anticipar los retos que tiene que sortear para llegar a la meta final del propósito. Es más, la mente millonaria tiene la capacidad de construir una escalera de retos que le dé sentido al plan de ejecución. Sabe conectar el punto en el que está parada hoy y el que se imagina para estar al final, lo que, por otra parte, requiere una enorme capacidad para manejar la incertidumbre.

Para mí, el reto es la parte más interesante del nivel Legado. Mucha gente puede ver la luz al final del túnel, pero es incapaz de visualizar el camino que debe recorrer para llegar allá. Y ese es el verdadero reto. Por eso yo, al estilo de Elon Musk, decidí escribir mi plan secreto en diciembre de 2018. Hoy, tres años después de escribir ese plan, puedo decirte que cada uno de esos escalones me ha costado muchísimo trabajo, pero, aun así, me sorprende la claridad con la que ya podía ver el recorrido desde hace tres años.

Esto fue lo que escribí entonces:

En pocas palabras, la visión es esta:

1. Vender el tiempo de Carlos Muñoz
2. Usar el dinero de lo anterior para financiar una empresa de productos digitales

3. Usar el dinero de lo anterior para crear una institución de educación superior híbrida y nómada
4. Usar el dinero de lo anterior para crear una plataforma de inversión financiera
5. Usar el dinero de lo anterior para aumentar el impacto de la institución educativa

No se lo digan a nadie.

Ahora es tu turno de elaborar tu plan maestro (puedes añadir o quitar líneas si así lo requieres):

MI PLAN MAESTRO

En líneas generales, mi plan maestro es el siguiente:

1. ______

2. ______

3. ______________________________

____

4. ______________________________

____

5. ______________________________

____

No se lo digan a nadie.

No te mentiré: la escalera de retos está llena de dificultades. Desde los inicios de mi carrera como emprendedor me interesé por conocer la historia de quienes habían construido grandes organizaciones. Conforme fui conociendo a esos líderes, a muchos de ellos en persona, me di cuenta de que todos —como tú y como yo— habían cometido errores, sufrían con sus debilidades y se sentían poco o nada excepcionales. Y lo más increíble de todo es que, aun cuando habían logrado ser «exitosos», seguían enfrentando más dificultades que triunfos.

Esto sin duda es una realidad para mí. He logrado multiplicar por diez la facturación que apenas lograba hace unos años y, aun así, sigo enfrentando momentos de dificultad. Para que me entiendas mejor, toma esa meta que escribiste en tu plan maestro líneas atrás —puede ser la de hacer chingos de lana, expandir una gran organización o ganar un Grammy, me da igual— e imagínate que lo consigues de un momento a otro, en un instante. Seguramente sería un momento de júbilo, saltarías de emoción y te sentirías realizado. Sin embargo, la emoción no duraría mucho. En muy poco tiempo necesitarías otro reto que trajera nuevas dificultades. El propósito es el faro que te indica el rumbo, pero en ese rumbo debes estar trazando nuevos retos todo el tiempo.

La gente que logra el éxito rápido después desaparece, se cae, justo porque no se impone nuevos retos. Por eso, la relación entre retos progresivos y propósito es la columna vertebral del trabajo de vida de una mente millonaria.

3. S3: *Small Simple Steps* (pequeños pasos simples)

A menudo me preguntan cómo me mantengo motivado cuando los retos son tan cabrones que a veces parecen inalcanzables. ¿Cómo saber si no hemos perdido el rumbo? La respuesta a esa pregunta es también la última parte del nivel Legado: con los S3, *small simple steps* o «pequeños pasos simples» (escribí el acrónimo en inglés porque se escucha más mamón. Lo siento).

Esto tiene que ver con la manera en que avanzamos hacia esos retos. La mayor parte de la gente cree que el camino de la vida se recorre con un mapa en mano en el que está claro cuáles son los siguientes pasos y cuál es el punto de llegada. El problema es que, cuando estás creando tu propio camino y transformando el mundo con tu locura, no hay tal mapa. Tú estás abriendo el sendero por el cual miles de personas caminarán después de ti. Y para hacer un viaje en el que no hay mapa se requiere una brújula. Esa brújula son los S3 que deberás medir en todo momento, pues de ello depende que puedas superar los retos.

La mente millonaria entiende que «abrir camino» es salir de la zona de confort y superar todos nuestros límites. Y este proceso es doloroso. La mayor parte de la gente está cableada para evitar el dolor, es parte de ser humano: buscar el placer o el bienestar y evitar el sufrimiento. Sin embargo, no hay manera de evitar el dolor cuando vas tras metas ambiciosas. Ray Dahlio, en su libro *Principles*, explica que «tienes suerte al experimentar ese dolor, porque si lo abordas correctamente, es el que te obliga a buscar soluciones nuevas para que progreses. Si puedes desarrollar una reacción que te permita reflexionar sobre el dolor en lugar de evadirlo, entrarás a un círculo virtuoso de aprender/evolucionar».

Los grandes logros se consiguen cuando el dolor constante se vuelve disciplina, cuando tenemos microprogresos constantes y sabemos medir cada avance que tengamos, por mínimo que sea. Para alcanzar el propósito masivo hay que mantener la brújula activa en todo momento, aun cuando no se vea nada en el camino. Hay que saber transitar el mundo con esa energía inagotable que nos da el querer dejar un legado.

Resumiendo, los S3 nos llevan a superar los retos, lo que nos lleva a alcanzar nuestro propósito y, en última instancia, a construir nuestro legado. ¿Te queda claro? Te dejo un diagrama para que no se te olvide:

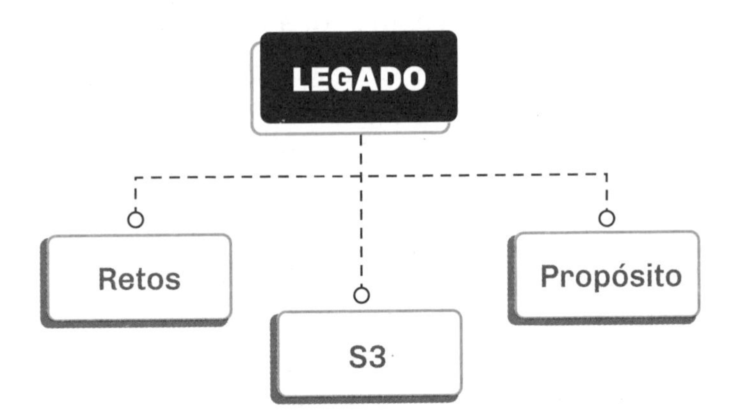

Notas

(NO)
CONCLUSIÓN

LAS ÚLTIMAS LÍNEAS DEL CÓDIGO

Cuando llegaba el momento de cerrar el libro, mis editores me preguntaron:

—¿Con qué piensas terminar el código? ¿Qué te parece un pequeño resumen del sistema completo y de las 4L? —me dijeron, con la clara intención de que por fin terminara este proyecto, el cual, debo confesar, me tomó casi un año.

Lo del resumen de las 4L (locura, libertad, liderazgo y legado) no me pareció mala idea, pero no era la manera de terminarlo. Quise evitar que el cierre de un libro tan poderoso fuera una vuelta a lo que ya leíste. Si te hace falta repasar uno de los cuatro niveles del *software* Infinitas Posibilidades, regresa y vuélvelo a leer cuando lo necesites. Yo tengo que dejarte con algo más importante.

La palabra *terminar* no corresponde a este libro. De hecho, una de sus ideas centrales, no explícita, pero que recorre cada una de sus páginas y se podría decir que es la esencia, es que el código de la mente millonaria no se termina de escribir nunca. Es la naturaleza de todo *software*: evolucionar y actualizarse constantemente.

Eso me hace pensar en algo que experimenté hace poco y que me rompió el cerebro. En mi colección de autos tengo una camioneta Tesla Model X. Es una joya porque las puertas traseras se abren como alas, algo que resulta muy seductor.

Pero lo más increíble no es eso, sino que la camioneta evoluciona. Un día nos subimos mi esposa y yo, y leímos en la pantalla: «*Mejoré el sistema de frenado y le di más rendimiento a la batería, así que ahora el vehículo puede lograr unos cuantos kilómetros más con una sola carga*». Eso sucedió con una actualización del sistema operativo. Impresionante. No había llevado la camioneta a la agencia ni necesité la mano de un mecánico en ningún momento. Bastaron unas líneas del código para hacer más eficiente el sistema. Las descargó, las instaló y mejoró. Así debes ver el código que rige tu mente ahora. No creo que este libro —ni tampoco otro— tenga la última palabra. Por lo tanto, si lo que esperabas de esta nota final era la última línea del código, aquí te la dejo.

Nunca dejes de actualizar tu *software*.

Trabaja siempre en mejorar las 4L. Vuélvete experto en las líneas de código de cada uno de los niveles del *software* Infinitas Posibilidades. Toma conciencia de cada uno de los cuatro y de cómo accionan en cada día de tu vida. Recuerda todas las piezas que analizamos y dedica mucho tiempo a estudiar la manera en que opera tu cerebro. Confío en que, con este libro, haya logrado replantearte algunos de tus modelos mentales. Y más allá de los puntos específicos que te hayan puesto a reflexionar, el simple hecho de que te hayas cuestionado tus procesos cerebrales ya implica que estás en un nuevo nivel de conciencia.

Si me preguntaras qué esperaría que hubieras logrado con la lectura de este libro, esta sería mi respuesta: que te hayas vuelto consciente de todos los patrones y las creencias inconscientes que rigen tu vida y te limitan. Esa es la habilidad más poderosa de una mente millonaria.

Y aquí es donde te dejo y tú empiezas a escribir tu propio destino.

Buena suerte,

Notas

BONUS TRACK

LAS DIEZ CLAVES DE LA PROSPERIDAD Y EL DINERO

Con ganas de que nos despidamos con la mayor energía posible, y no solo con un mensaje filosófico, decidí incluir un *bonus track* con una lista de las diez claves de la prosperidad y el dinero, según lo entiendo. Estas te ayudarán a amplificar el *software* Infinitas Posibilidades que ya has instalado en tu cerebro.

1.

Hacer dinero tiene menos que ver con la inteligencia que con la mentalidad. La mentalidad millonaria es algo que se construye a largo plazo y que es difícil de enseñar, incluso a gente inteligente. Puedes ser un genio y hasta saberte este libro de memoria, pero si no sabes controlar tus emociones, comportarte y actuar de forma coherente con lo que quieres lograr, vas a ser un desastre financiero. Si quieres que el *software* de las 4L funcione y se materialice en tu vida, debes saber moldear tu comportamiento y tener una actitud que te sirva para llegar adonde quieras. Si en algún momento te das cuenta de que simplemente no sabes cómo hacerlo, mi consejo es que te acerques a un *coach* o a algún profesional que pueda ayudarte a exteriorizar lo que tienes en el inconsciente y te limita. Cuando externalizas tu narrador interno es mucho más fácil moldear tu mentalidad.

2.

Hacerse rico y permanecer rico son dos cosas totalmente diferentes. Si hacerse rico requiere, entre otras cosas, un cierto grado de locura, mantenerse rico necesita un cierto nivel de paranoia. Tienes que cuidarte las espaldas todo el tiempo. Recuerda siempre el proceso que tuviste que vivir para crear riqueza, eso te ayudará a ser más cuidadoso con tu dinero. Muchos deportistas y artistas que se hicieron famosos rápidamente despilfarran su dinero porque el acceso a él no les implicó gran esfuerzo. Luego se dan cuenta, demasiado tarde, de que reemplazarlo no es tan fácil. Nunca sabremos si el momento económico en el que estamos regresará o si habrá mejores momentos, por eso siempre tienes que cuidarte.

3.

El dinero es un vehículo para alcanzar tu libertad y la de tus descendientes. Cuando el dinero se vuelve tu motivación principal para hacer las cosas, corres el riesgo de perderlo todo. El dinero es una motivación externa y, por eso, jamás te dará la energía interna que proviene de trabajar para lograr un propósito y dejar un legado. No te pierdas. Mantente siempre firme en tu deseo de alcanzar la libertad financiera. La tuya y la de las generaciones por venir.

4.

El ego descontrolado es enemigo del éxito. El enemigo más poderoso que puedes enfrentar en tu camino al éxito eres tú mismo o, mejor dicho, tu ego fuera de control. Tu capacidad de inversión es igual a tus ingresos menos tu ego. Siempre habrá oportunidad de mejorar en términos financieros al incrementar tus ingresos, pero recuerda también que debes tener humildad durante el proceso y evitar que tu ego te juegue malas pasadas. Puede sonarte raro viniendo de mí —si me has visto en videos en mis redes sociales, seguro crees que soy puro ego—, pero, créeme, quien convive de cerca conmigo sabe que tengo la capacidad para mover el péndulo hacia el lado de la humildad cada vez que se requiere. Y tú debes hacer lo mismo. Mantén siempre la autoconfianza, la cual es producto de un ego sano, pero en ningún caso dejes que tu ego se salga de control. Sé humilde para reconocer cuando te has equivocado, para asociarte con gente más inteligente que tú, para tomar consejo de personas que admires y estén más adelante en el camino, y para asumir los retos que se te presenten en la ruta para lograr tu propósito.

5.

Para ganar hay que arriesgar. Es necesario que asumas riesgos, aunque estos deben ser controlados, es decir, informados, mesurados y calibrados hasta donde sea posible. Ten siempre la idea de que más adelante te espera algo más grande y no vale la pena quedarse en el camino por un riesgo que no pudiste controlar. Tómate el tiempo necesario para estudiar los riesgos que enfrentarás. Sé consciente de todo lo que conllevan y de sus probabilidades de éxito y fracaso.

6.

La prosperidad tiene múltiples dimensiones. Además de la material, existen la prosperidad emocional, la energética y la espiritual. La emocional te permite dominar a tu narrador interno y tomar el aprendizaje de todo lo que vives; la energética te da la fuerza para superar cualquier obstáculo, y la espiritual, la más importante, te permite trascender y dejar un legado. Una mente millonaria te ayuda a avanzar en todas esas dimensiones y no te pide que sacrifiques ninguna de las áreas por lograr abundancia en otra. De hecho, una mente millonaria sabe que solo cuando las cuatro áreas avanzan se experimenta la prosperidad en su totalidad. No escuches entonces a quienes te dicen que debes sacrificar tu vida emocional por tu trabajo o viceversa. Esas personas siguen operando con el sistema operativo Límites. *Tú* estás viviendo ya otro paradigma.

7.

Las palabras pueden conducirte al éxito (o al fracaso). Es fundamental que entiendas el efecto que tienen las palabras que te dices a ti mismo y les dices a otros en la realidad que construyes. Procura siempre que tus palabras te acerquen al éxito, utiliza el menor número que puedas para transmitir tus mensajes y busca que tu lenguaje sea lo más simple y claro posible, así tendrás más fuerza y conseguirás lo que buscas de forma más directa. Vuélvete un maestro que domine a la perfección a su narrador interno. Esto te permitirá que sigas creciendo como persona.

8.

Autoliderarse es el primer paso para tomar las riendas de cualquier proyecto. Trabaja en ti constantemente. Conócete mejor que nadie. Dale espacio a tu curiosidad y al trabajo interior, bájale el volumen al ruido exterior, familiarízate con tus creencias y tus patrones, moldea tu comportamiento y actitud acorde a la persona que quieres ser y lo que quieres alcanzar. Nunca dejes de aprender, de crecer y actualizarte. Recuerda que el crecimiento es infinito y es solo responsabilidad tuya. Aún no eres quien vas a llegar a ser.

9.

No hay éxito sin productividad. Muchos me preguntan *¿qué debo hacer?*, cuando la pregunta correcta es *¿qué no debo hacer?* Una lista de cosas por hacer la cumple cualquiera. Lo complicado es desarrollar la disciplina para evitar las actividades que frenan tu productividad. Pregúntate qué actividades basura te impiden ser productivo y ¡deja de hacerlas! Delega lo que alguien más puede hacer por ti, evita las distracciones (llamadas, mensajes, correos, redes sociales), mantente enfocado y no, no tengas una rutina. Olvida eso que te venden como secreto del éxito: el hábito, la repetición. Un líder productivo no tiene una rutina diaria porque se adapta al mundo y planea en grande: en meses, en semanas... no en días.

10.

La osadía es la médula de una mente millonaria. Osar es tener la capacidad de atreverse a hacer algo nuevo, algo que te saque de tu zona de confort y te permita seguir creciendo. La osadía, si lo piensas bien, es la palabra que resume todo lo que te dije en este libro. ¿Por qué? Porque eliminar el *software* Límites requiere osadía, emprender una idea loca requiere osadía, ser líder requiere osadía, volver a intentarlo cuando te has caído requiere osadía, dejar un legado o siquiera pensar en hacerlo requiere osadía... pensar en grande, tanto que tu meta parezca una ficción, requiere osadía. ¿Te queda claro? Tener una mente millonaria es, por definición, pura osadía.

Notas

AGRADE-CIMIENTOS

Gracias a Efren Ordoñez y Marisol Rey, que participaron en el equipo editorial para la realización de este libro.

Gracias a Nacho Torres, Francisco Peña, Ricardo Moreno, Paola Saucedo, Luis Carlos Sámano, Brandon Carrillo y Vanessa Guillen, mis socios en las empresas que tengo al día de hoy.

SOBRE EL AUTOR

Carlos Master Muñoz es un emprendedor multipremiado que inició de cero y ahora cuenta con negocios en 18 países e inversiones en todo el continente americano. Es cofundador de 4S Real Estate, la empresa de consultoría inmobiliaria más importante de Latinoamérica, fundador del Instituto ONCE (Organizaciones Neuronales de Crecimiento Exponencial) y de la financiera Zero a la Derecha. En paralelo a sus actividades empresariales, recorre constantemente el continente impartiendo cursos y conferencias sobre emprendimiento, ventas y bienes raíces.

Estudió dos licenciaturas y un par de maestrías, pero no las presume porque, para él, las universidades mienten. Prefiere decir que escribe y genera conocimiento desde hace años. Ha publicado doce libros hasta la fecha, que en conjunto con sus populares videos, le sirven para compartir contenido de valor para potenciar a un millón de emprendedores. Espera recibir un dólar de cada uno de ellos el día de su muerte.

Si quieres ponerte en contacto con él, búscalo en redes sociales como: Carlos Master Muñoz o @mastermunozoficial.